Продажи 4.0

Успешные стратегии в мире цифровой трансформации. Применяй немедленно, получай результат.

Артем Рябошапко

Продажи 4.0

Успешные стратегии в мире цифровой трансформации.

Применяй немедленно, получай результат.

Вернер Ф. Хан

Артем Рябошапко

© Вернер Ф. Хан + Артем Рябошапко
Rel. 01 - 01.09.2024

Издатель: Hahn GmbH, Willy-Brandt-Platz 6, 55122 Mainz

Корректор-переводчик: Алина Шматько

Дизайн обложки: Клаудиа Хут

Вычитка:
Немецкий язык: Вернер Ф. Ханн
Русский язык: Артем Рябошапко

Для лучшего восприятия текста мы используем форму мужского рода, например, "сотрудник". Мы всегда имеем в виду представителей всех полов в смысле равного отношения. Сокращенная форма языка используется по редакционным причинам и не носит оценочного характера.
Эта книга была написана и отредактирована человеческим мозгом и человеческими руками (и немного искусственным интеллектом).

© 2024 Artem Ryaboshapko
Verlag: BoD · Books on Demand GmbH, In de Tarpen 42, 22848 Norderstedt
Druck: Libri Plureos GmbH, Friedensallee 273, 22763 Hamburg
ISBN: 978-3-7597-7803-1

Успешные продажи:

Ваш ключ к успеху в бизнесе!

Ваш бизнес работает только с продажами. Продажи работают только с приобретением. Приобретение - это фундамент, на котором строится все. Эта книга раскрывает секреты успешного поиска и показывает, как резко повысить результаты продаж.

Узнайте, как завоевывать новых клиентов и строить долгосрочные отношения с помощью целевых стратегий и позитивного настроя.

Продажи 4.0

Оглавление

Предисловие

Продажи в переходный период: от манипуляций к консультированию

Продажи часто ассоциируются с неприятными методами навязывания продукта или даже давления на клиента. Это представление основано на устаревшем подходе, который изображает продавцов как манипуляторов, желающих продать свой товар или услугу любой ценой. Но времена изменились. В современном мире продаж, который мы теперь называем "Продажи 4.0", акцент делается на новом подходе, который подчеркивает прозрачность, доверие и совет.

Продажи 4.0: новая реальность

Цифровизация произвела революцию в продажах. Клиенты теперь имеют доступ к огромному количеству информации, которая помогает им принимать взвешенные решения. Обзоры товаров, сравнительные порталы и бесчисленные форумы доступны им круглосуточно. Однако этот информационный поток также приводит к парадоксу: хотя у покупателей больше информации, чем когда-либо, они часто не знают того, чего не знают. Задача состоит в том, чтобы отфильтровать нужную информацию из потока данных и понять, как ее можно применить к их конкретным потребностям и проблемам.

Именно здесь на помощь приходят квалифицированные продавцы-консультанты. Роль продавца изменилась: из чистого поставщика товаров и услуг он превратился в компетентного консультанта. Современный продавец-консультант помогает клиенту определить важную для него информацию и понять, как она может повлиять на его решения.

Консультации вместо продаж

В современном мире продаж основное внимание уделяется не продажам, а консультированию. Успешный консультант по продажам выступает не столько в роли продавца, сколько в роли партнера, который помогает клиенту принять правильное решение. Такой подход основан на убеждении, что долгосрочные отношения важнее краткосрочных сделок.

Хороший продавец-консультант задает конкретные вопросы, чтобы понять потребности и пожелания клиента. Он активно слушает и предлагает индивидуальные решения, основанные на индивидуальных требованиях клиента. Такое глубокое понимание и способность представить соответствующие решения являются решающими факторами успеха в современных продажах.

Клиент в центре внимания

Современная стратегия продаж ставит клиента в центр внимания. Вместо того чтобы навязывать товар, нервируя клиента, важно стремиться к установлению доверия и развитию отношений, основанных на партнерстве. Клиент должен чувствовать, что продавец-консультант преследует его интересы. Этот фундамент доверия - ключ к повторному бизнесу и рекомендациям.

Роль технологий

Хотя технологии играют центральную роль в "Продажах 4.0", они остаются инструментом, а не заменой навыков межличностного общения. CRM-системы, инструменты анализа данных и другие цифровые инструменты могут помочь продавцам работать более эффективно и принимать более обоснованные решения. Но в конечном итоге именно навыки межличностного общения - умение завоевывать доверие, слушать и советовать - имеют решающее значение.

Будущее продаж

Будущее продаж - за сочетанием технологий и человеческого опыта. Продавцам-консультантам необходимо научиться использовать современные инструменты для совершенствования своих навыков консультирования. В то же время они должны продолжать инвестировать в свои навыки межличностного общения, чтобы понимать и поддерживать клиентов на более глубоком уровне.

Еще один важный аспект - постоянное обучение. Сфера продаж постоянно меняется, и продавцам-консультантам необходимо быть в курсе последних событий, чтобы предоставлять своим клиентам наилучшие услуги. Это требует постоянной готовности учиться новому и адаптироваться к меняющимся условиям рынка.

Заключение

Продажи в XXI веке - это больше, чем просто продажа товаров и услуг. Речь идет о построении искренних отношений с клиентами, создании доверия и помощи в принятии наилучших решений. Продавцы-консультанты, которые усвоили эти принципы, не только добьются большего успеха, но и получат глубокое удовлетворение от своей работы. Ставя в центр внимания потребности клиентов и выступая в роли доверенных советников, они смогут создать долгосрочную ценность как для своих клиентов, так и для себя.

Глава #1: Внутреннее отношение "ДА!"

Ключ к успеху в продажах

В продажах позитивный настрой, внутреннее отношение "ДА!", имеет решающее значение для успеха. Этот настрой влияет не только на вашу собственную мотивацию и стиль работы, но и на восприятие возможностей и проблем. Классический пример наглядно иллюстрирует это.

Пример производителя обуви

Производитель обуви отправляет двух своих лучших продавцов в Африку, чтобы изучить потенциальный рынок. Через три дня первый продавец присылает факс: "Босс, возвращайтесь завтра. Здесь нечего взять, все ходят босиком". Через три дня второй продавец отправляет свое сообщение: "Босс, немедленно удвоить производство, огромный потенциал рынка, они все еще ходят здесь босиком!"

Этот пример показывает, насколько по-разному можно оценивать одну и ту же ситуацию. В то время как первый продавец рассматривал отсутствие обуви как препятствие, второй продавец признал огромную рыночную возможность. Эта разница в восприятии - результат внутреннего настроя "ДА!".

Сила внутреннего настроя

Позитивный внутренний настрой влияет на то, как мы воспринимаем трудности и реагируем на них. Это особенно важно в продажах, поскольку здесь часто случаются неудачи и отказы. Продавцы с позитивным настроем "ДА!" воспринимают каждую проблему как возможность совершенствоваться и добиваться успеха. Вот еще два примера, которые иллюстрируют этот образ мышления.

Пример 1. Продажи программного обеспечения

Компания по производству программного обеспечения разрабатывает инновационное решение для управления взаимоотношениями с клиентами (CRM). Двум сотрудникам отдела продаж, Анне и Тому, поручено освоить новые рынки. Оба начинают свою работу в разных регионах с похожими рыночными условиями.

Анна сталкивается со многими компаниями, которые уже используют CRM-системы. После нескольких недель хождения по домам и многочисленных отказов она отправляет письмо своему боссу: "Здесь практически невозможно закрепиться. У всех потенциальных клиентов уже есть работающие системы".

Том, напротив, придерживается другого подхода. Он понимает, что многие компании используют CRM-системы, но зачастую не удовлетворены их работой. Он предлагает пробные версии и индивидуальные демонстрации, чтобы показать преимущества нового программного обеспечения. Через несколько недель он отправляет письмо своему боссу: "У нас огромный потенциал в этом регионе! Многие компании ищут лучшие решения. Я предлагаю инвестировать сюда больше ресурсов".
Позитивный настрой Тома позволяет ему находить и использовать новые возможности в условиях, казалось бы, перенасыщенного рынка.

Пример 2. Продажи страховых услуг

Страховая компания хочет закрепиться в новом районе. Два торговых представителя, Макс и Лиза, получают задание изучить этот рынок.

Макс посещает несколько домов и понимает, что у многих людей уже есть страховка. Он разочарован и говорит своему непосредственному руководителю: "Здесь трудно привлечь новых клиентов. У большинства из них уже есть страховые полисы, и они не готовы менять их".

Лиза, напротив, придерживается другого мнения. Она признает, что, хотя многие люди застрахованы, их текущие полисы не являются оптимальными. Она предлагает бесплатные консультации, чтобы показать людям, как они могут сэкономить деньги или получить дополнительную защиту с помощью лучшего полиса. Через несколько недель она докладывает своему непосредственному руководителю: "Рынок здесь огромен! Многие люди нуждаются в лучшей страховке. Мы можем многого добиться, если будем давать адресные советы".
Позитивный настрой Лизы помогает ей добиться успеха на, казалось бы, перенасыщенном рынке.

Важность внутренней установки "ДА!" в продажах

Внутренний настрой "ДА!" - решающий фактор успеха в продажах. Он влияет на то, как продавцы воспринимают возможности и реагируют на трудности. Позитивный настрой позволяет распознать и использовать потенциал в сложных на первый взгляд ситуациях.

Ключевые стратегии позитивного отношения

- Самомотивация: начинайте каждый день с позитивных аффирмаций и ставьте перед собой достижимые цели.

- Устойчивость: учитесь на неудачах и рассматривайте их как возможность для совершенствования.

- Открытость к возможностям: рассматривайте каждую ситуацию как возможность, а не как проблему. Спросите себя: "Чему я могу научиться в этой ситуации?" или "Как я могу использовать эту проблему в своих интересах?"

- Клиентоориентированность: сосредоточьтесь на том, как вы можете помочь клиентам, вместо того чтобы просто продавать товары. Если вы предлагаете реальную добавленную стоимость, клиенты это поймут и оценят.

- Постоянное обучение: Не теряйте любопытства и продолжайте самообразовываться. Знания - это сила, и чем больше вы знаете, тем лучше вы можете реагировать на различные ситуации.

Заключение

Успех в продажах начинается с правильного отношения к делу. Внутренний настрой "ДА!" помогает продавцам видеть в проблемах возможности и распознавать потенциал там, где другие видят только проблемы. Благодаря самомотивации, стойкости, открытости возможностям, клиентоориентированности и постоянному обучению сотрудники отдела продаж могут максимально увеличить свои шансы на успех.

Примеры производителя обуви, продавцов программного обеспечения и страховых компаний показывают, как позитивный настрой может сделать разницу между успехом и неудачей. Развивая в себе внутреннее "ДА!", вы закладываете фундамент для устойчивого успеха в продажах.

"У меня хотя бы был шанс!"

Внутреннее отношение "ДА!": практические подходы к реализации

Теперь, когда мы рассказали о важности внутреннего отношения "ДА!" и привели несколько запоминающихся примеров, давайте углубимся в практические подходы к реализации этого отношения в повседневных продажах. Цель состоит в том, чтобы разработать конкретные стратегии и методы, которые помогут вам культивировать и поддерживать позитивный и проактивный настрой.

1. Ежедневные привычки и ритуалы

Формирование и поддержание позитивного отношения начинается с распорядка дня. Начинайте каждый день с позитивного ритуала, который поднимает настроение и готовит вас к началу дня. Это может быть короткая медитация, упражнение на благодарность или чтение мотивирующих цитат.

Пример: начинайте каждый день с вопроса "Какие три вещи я могу сделать сегодня, чтобы вдохновить своих клиентов?". Этот вопрос направляет ваше внимание на позитивные действия и удовлетворение потребностей клиентов.

2. Визуализация успехов

Визуализация - это мощная техника, позволяющая сосредоточиться на положительных результатах. Визуализируйте себя, достигающего своих целей, и свои ощущения. Это

мысленное упражнение помогает повысить мотивацию и уверенность в себе.

Пример: каждое утро в течение пяти минут представляйте, как вы совершаете успешный звонок по продажам. Ярко представляйте удовлетворение клиента и свой собственный успех.

3. Позитивный разговор с самим собой

То, как вы говорите с собой, сильно влияет на ваше отношение к себе. Замените негативные мысли позитивными аффирмациями. Вместо того чтобы думать: "Это будет трудно", скажите себе: "Я хорошо подготовился и добьюсь успеха".

Пример: составьте список позитивных аффирмаций, которые вы регулярно повторяете, таких как "Я компетентный и сопереживающий продавец" или "Я найду решение в любой ситуации".

4. Обратная связь как возможность для роста

Воспринимайте положительную или отрицательную обратную связь как возможность расти и совершенствоваться. Вместо того чтобы расстраиваться из-за критики, используйте ее как ценную информацию для оттачивания своих навыков.

Пример: после каждой встречи с клиентом активно спрашивайте отзывы и записывайте, что прошло хорошо, а что можно улучшить. Используйте эти сведения для постоянного совершенствования.

5. Общайтесь и обменивайтесь идеями

Окружайте себя позитивными и успешными людьми. Обмен идеями с коллегами и наставниками, которые также настроены на "ДА!", может быть очень мотивирующим и открывать новые перспективы.

Пример: регулярно посещайте сетевые встречи или найдите наставника, который поддерживает и вдохновляет вас. Обмен идеями с другими экспертами по продажам может дать ценные знания и мотивацию.

6. Фокусируйтесь на решениях с четким результатом. А не на проблемах.

Позитивный настрой означает сосредоточенность на решениях, а не на проблемах. Проблемы неизбежны, но от того, как вы на них реагируете, зависит все. Развивайте мышление, ориентированное на решение.

Пример: когда вы сталкиваетесь с препятствием, спросите себя: "Какие шаги я могу предпринять, чтобы решить эту проблему?" и "Кто может мне помочь?"

7. Непрерывное обучение и развитие

Постоянное обучение и личностный рост - ключевые факторы позитивного настроя. Чем больше у вас знаний и навыков, тем увереннее и позитивнее вы себя чувствуете.

Пример: ставьте перед собой ежемесячные цели по обучению, в частности, прочитать специализированную книгу, посетить семинар или прослушать подкаст по продажам.

8. Отмечайте успехи и размышляйте о них

Найдите время, чтобы отпраздновать и осмыслить свои успехи. Это укрепит вашу уверенность в себе и напомнит о том, чего вы уже достигли.

Пример: заведите дневник успеха, в который записывайте достигнутые цели и особые моменты. Регулярно размышляйте над ним, чтобы видеть свой прогресс и мотивировать себя.

9. Эмпатия и понимание клиента

Успех в продажах основан на умении понимать потребности и желания клиентов. Эмпатия помогает строить более глубокие отношения и предлагать лучшие решения.

Пример: перед каждым звонком по продажам найдите время, чтобы поставить себя на место клиента. Спросите себя: "Каковы самые большие проблемы моего клиента и как я могу ему помочь?"

10. Забота о себе и баланс

Позитивный настрой можно поддерживать только в том случае, если вы заботитесь о своем здоровье и благополучии. Убедитесь, что вы достаточно спите, правильно питаетесь и регулярно занимаетесь спортом.

Планируйте регулярные перерывы и досуг, чтобы расслабиться и восстановить силы. Сбалансированная жизнь в значительной степени способствует позитивному настрою.

Заключение

Внутренний настрой "ДА!" - это ключ к долгосрочному успеху в продажах. Применяя практические стратегии, вы сможете укрепить и сохранить свой позитивный настрой. Настроив свой распорядок дня, сосредоточившись на успехе, постоянно обучаясь и заботясь о себе, вы заложите фундамент для успешной карьеры в продажах. Позитивный настрой не только откроет перед вами новые возможности, но и поможет углубить отношения с клиентами и добиться долгосрочного успеха.

Миф о продажах: вы должны продавать себя

Большинство из нас в тот или иной момент своей карьеры слышали, как тренер или руководитель восклицал:

- "Вы должны продавать себя".
- "Если вы хотите получить работу, вы должны продавать себя".
- "Настоящий ключ к продажам - это ваша способность продавать себя".
- „Если вы хотите нравиться другим, вы должны продавать себя".

Клише "продай себя"

Эта философия широко распространена в деловой культуре. Когда я готовился стать продавцом, я посетил мероприятие, на котором выступал абсолютный профессионал в области продаж. Спикер был настолько уважаем, что, когда он вошел в зал, воцарилась полная тишина. Аудитория напряженно сидела на своих местах. И каково же было его послание?

Какой секрет успеха предложил этот востребованный профессионал продаж, международный спикер и тренер?

"Никогда не забывайте, как важно в бизнесе продавать в первую очередь себя".
Вся аудитория кивнула в унисон.

Для этого мудреца и многих других людей фраза "продай себя" стала простым клише. Она просто слетает с языка. Как и аудитория на лекции, которую я посетил, большинство людей кивают головой в знак согласия, как будто пророк на холме только что прочитал это с каменных скрижалей.

Люди покупают вас по своим причинам, ваши причины не имеют значения!

Вы знаете мою мантру: "Мы ненавидим, когда нам что-то продают, но мы любим это покупать!"
Другими словами, большинство людей предпочитают покупать на своих условиях. Они не хотят и не ценят жестких продаж или перечисления характеристик. Они покупают по своим причинам, а не по чужим.

Тем не менее продавцы по всему миру ежедневно продают своим клиентам по телефону, в видеозвонках, по электронной почте, в социальных сетях и при личной встрече, выдавая данные, продвигая свою позицию или просто пытаясь выманить продажу. Они продают себя любому, кого могут заставить простоять на месте более пяти минут.
Но это не работает, потому что люди любят покупать, им не нравится, когда им продают.
Когда продавцы пытаются продать себя, они отталкивают людей.

Чем больше вы пытаетесь продать себя другим, тем больше их отталкиваете. Разговор, в котором собеседник рассказывает вам о себе, своих достижениях и о том, какой он замечательный, - это унижение. Это отбрасывание качеств.

Подумайте об этом: самый неприятный человек в мире - это тот, кто стоит перед вами и рассказывает о себе.
Вы не уходите после этого разговора с мыслью о том, как бы вам хотелось проводить с ним больше времени. Вместо этого вы думаете: "Ну и придурок", "Скучный парень" или "Надо же, этот парень думает только о себе".

Мы любим говорить о своем любимом человеке

И все же нам нравится возможность продать себя. Большинство из нас, если бы представилась такая возможность, часами рассказывали бы о своем любимом человеке, не осознавая, какое негативное влияние это оказывает на восприятие нас другими людьми.

Если вы спросите экспертов, которые советуют вам продавать себя, они не смогут объяснить, как именно это сделать. Конечно, они дают советы, но это, как правило, просто гипербола.

Вот жестокая правда: вы не можете продать себя другим; вы должны заставить других купить вас на их условиях.

Они говорят, но не покупают

Даже если ваша репутация идет впереди вас и другие с нетерпением ждут встречи с вами, ваши попытки продать себя могут привести к обратному результату.

Я усвоил этот урок на одной из лекций, когда речь шла о презентации книги.

Один из слушателей был таким большим поклонником одной из моих книг, что уговорил организатора встречи сесть прямо рядом со мной.

Во время еды он задавал мне вопросы, а я говорил, говорил и говорил - о себе.

Через несколько дней после выступления я позвонил организатору встречи, чтобы поблагодарить его.

Я поблагодарил его за то, что он посадил Александра рядом со мной, и спросил, хорошо ли Александр провел время.

Он на мгновение замешкался и наконец сказал: "Артем, я говорю тебе это, потому что ты мне нравишься, но Александр не очень хорошего мнения о тебе". Это было ударом в самое сердце!

Я ответил, что, на мой взгляд, мы отлично поговорили, и спросил, что пошло не так.

Марк, организатор, объяснил мне, что у Александра сложилось впечатление, что я говорю только о себе.

Правда причиняет боль. Я продавал, но Александр не покупал.

Перестаньте пытаться продать себя и поставьте себя на место другого человека.

Люди покупают вас по своим причинам, а не по вашим. Когда мы продаем людям, почему они должны любить нас или покупать у нас?

Это может привести как раз к обратному результату.

Однако когда мы входим в положение другого человека, действительно слушаем его и устанавливаем связь с тем, что для него важно, это создает мощную связь, которая делает возможным практически все.

Активно слушайте,
что говорит ваш собеседник.
Убедитесь, что вы не переносите свои
страхи и неуверенность на собеседника.

Глава #2: Приобретение в продажах

Что такое приобретение в продажах?

Поиск - это первый этап процесса продаж, на котором продавцы ищут потенциальных покупателей. Цель поиска - вызвать интерес, а затем перевести этот интерес в разговор о продаже.

Большинство продавцов скажут вам, что построение разговоров с потенциальными покупателями имеет решающее значение для достижения успеха в продажах, но динамика этого процесса может быть запутанной. К сожалению, когда продавцы пытаются понять это лучше, они часто сталкиваются с противоречивыми советами.

Успешное освоение холодного и теплого привлечения

Привлечение новых клиентов - одна из ключевых задач в сфере продаж. Существуют различные подходы к привлечению потенциальных клиентов, и двумя основными методами являются холодные и теплые звонки. Оба подхода имеют свои сложности и преимущества. В этой статье мы рассмотрим различия и стратегии холодных и теплых звонков и покажем вам, как успешно использовать оба метода.

Холодные звонки: первый шаг в неизвестность

Холодные звонки - это обращение к потенциальным клиентам без каких-либо предварительных отношений или контактов. Это может быть сделано по телефону, электронной почте или даже при личной встрече. Холодные звонки часто бывают сложными, поскольку люди, к которым обращаются, еще не знакомы с компанией или продуктом и поэтому могут быть настроены скептически.

Преимущества холодных звонков:

- Прямой контакт: Вы обращаетесь к потенциальному клиенту напрямую и лично.

- Быстрая реакция: Вы сразу же получаете информацию о том, есть ли интерес или нет.

- Широкий рынок: холодные звонки позволяют обратиться к большому рынку.

Трудности холодных звонков:

- Отказы: высокий процент отказов может быть демотивирующим.

- Требуется время: для достижения успеха может потребоваться много времени.

- Правовые ограничения: в некоторых регионах существуют строгие правила и нормы для холодных звонков.

Стратегии успеха холодных звонков:

- Тщательная подготовка: изучите потенциальных клиентов, чтобы сделать индивидуальный и релевантный звонок.

- Четко сформулированные преимущества: четко и ясно изложите преимущества вашего продукта или услуги.

- Настойчивость: не расстраивайтесь из-за отказов и продолжайте работать.

- Профессиональная манера поведения: всегда будьте профессиональны и вежливы, чтобы оставить о себе положительное впечатление.

Теплый обзвон: опирайтесь на существующие контакты

В отличие от холодных звонков, теплые звонки основаны на существующих контактах или зацепках. Они могут быть получены на выставках, в LinkedIn, по рекомендациям или в результате предыдущих взаимодействий. Преимущество теплого привлечения заключается в том, что потенциальный клиент уже имеет определенный уровень интереса или доверия к компании.

Преимущества теплого привлечения:

- Более высокий процент успеха: поскольку определенный уровень интереса или доверия уже присутствует, процент успеха выше.

- Меньше отказов: потенциальные клиенты более открыты к обсуждению, поскольку они уже знакомы с компанией или продуктом.

- Более эффективно: теплая агитация зачастую отнимает меньше времени и является более эффективной.

Трудности теплого агитационного опроса:

- Качество информации: качество потенциальных клиентов может быть разным, и не все из них сразу же готовы к покупке.

- Развитие отношений: требуется постоянная забота и внимание для поддержания интереса.

Стратегии успеха для теплого привлечения:

- Квалификация лидов: убедитесь, что лиды квалифицированы и проявляют неподдельный интерес.

- Индивидуальный подход: используйте имеющуюся информацию, чтобы сделать подход индивидуальным и актуальным.

- Последующие действия: поддерживайте регулярный контакт и развивайте отношения.

- Предложите дополнительную ценность: регулярно предоставляйте потенциальному клиенту ценную информацию или предложения, чтобы поддерживать интерес.

Сочетание холодного и теплого привлечения

Успешные продажи зависят от сочетания "холодного" и "теплого" агитирования. Оба метода дополняют друг друга и вместе могут составить эффективную стратегию привлечения клиентов. Практический пример: привлечение клиентов на выставках.

Торговые ярмарки - отличный источник теплых контактов. Здесь вы встречаете потенциальных клиентов, которые уже проявили интерес к вашей отрасли или продукту. Записывайте контактные данные посетителей и используйте их для проведения целевых последующих кампаний.

- Последующие действия: после выставки отправьте собранным вами контактам индивидуальное электронное письмо и поблагодарите их за беседу.

- Рассылка информации: предоставьте потенциальным клиентам дополнительную информацию или специальные предложения.

- Последующие звонки: позвоните потенциальным клиентам, чтобы ответить на их вопросы и углубить их интерес.

Много лет назад Зиг Зиглар, легенда продаж, сказал следующее:
"Вы можете получить в жизни все, что захотите, если просто поможете другим получить то, что они хотят".
Главное слово здесь - "помогать".
Я выигрываю бизнес, потому что являюсь первоклассным помощником.
Мои покупатели нуждаются во мне не как в продавце. Им нужна моя помощь, чтобы принять решение.

Вернер Ф. Хан

Практический пример: ссылки на LinkedIn

LinkedIn предлагает множество возможностей для привлечения клиентов. Используйте платформу для выявления и нацеливания на релевантные контакты.

- Создайте сеть: общайтесь с потенциальными клиентами и развивайте свою сеть.

- Делитесь контентом: регулярно делитесь ценным контентом, чтобы продемонстрировать свою компетентность и вызвать интерес у своих собеседников.

- Прямые сообщения: отправляйте персональные сообщения своим контактам, чтобы наладить отношения и вызвать интерес.

Заключение

Агитация - одна из основных задач в продажах, которая включает в себя как холодные, так и теплые звонки. Оба метода имеют свои преимущества и недостатки, но, умело сочетая их и применяя проверенные стратегии, вы сможете успешно привлекать новых клиентов.

Холодные звонки требуют смелости и настойчивости, в то время как теплые звонки опираются на существующие отношения и зачастую более эффективны. Овладев обоими подходами, вы максимально увеличите свои шансы на долгосрочный успех в продажах.

Люди покупают у тех, кому они доверяют.

Никто не будет доверять вам,

если будет думать,

что вы пытаетесь его заставить или

обмануть с целью покупки у вас.

Холодные звонки на месте

Как достичь лица, принимающего решение, с помощью холодного звонка.

Сколько раз вы звонили потенциальным клиентам? Сколько отказов вы получили? Если вы ничего не добились таким образом, то подготовьтесь к холодному звонку потенциальному клиенту.

Что вам для этого нужно? Опыт в паре с изяществом. Если вы скажете дворцовому стражнику: "Я хочу поговорить с боссом", то он быстро выставит вас за дверь.

Мой ключ к успеху - просто косвенно попросить секретаря или помощника предоставить определенную информацию. Она или он с радостью предоставят мне эту информацию, и тогда я смогу успешно провести последующий телефонный разговор. Предположим, вы продаете облачные вычисления. Тогда ваша аргументация выглядит следующим образом:

"Добрый день, меня зовут Вернер Хан, и я уверен, что вы сможете мне помочь. У меня есть важная информация об облачных вычислениях. Кому я должен ее передать?"

Если вы узнали имя, то теперь вы ДОЛЖНЫ задать следующий обязательный двойной вопрос: "Является ли г-н/г-жа .... тем человеком, который также принимает решения в этой области? Есть ли еще кто-нибудь, кто участвует в принятии решения?"

Если человек за стойкой теперь говорит: "Оставьте документы у меня", то в ответ любезно (с улыбкой в голосе) спросите: "А это вы - тот человек, который принимает решение об использовании облачных вычислений?"

Тогда он сразу же отступит.

Если же нет, то продолжайте дружелюбно его спрашивать, кто принимает решения в этой компании.

Всегда будьте дружелюбны (оставьте вежливость в стороне - позже я расскажу вам, почему) и настойчивы, пока не узнаете имя. Возможно, вам придется сделать три или четыре попытки. Не уходите из компании, пока не узнаете имя, и всегда помните о двойном вопросе.

За время моего обучения продавцов в полевых условиях я совершил тысячи холодных звонков, провел десятки тысяч бесед с ними. Мы поднимались на лифте на самый верх высотных зданий, а затем спускались этаж за этажом, что было особенно полезно. Мы всегда убеждались, что у нас назначена встреча по телефону с компанией, расположенной в этом доме, - это открывало нам двери. Как только мы оказывались внутри здания, у нас был четкий путь.

Однажды целый день мы провели в большом технологическом центре, где занимались закупками. Во время обеденного перерыва мы встретились в ресторане с лицами, принимающими решения, которых мы уже посещали и с которыми заключили контракты. В результате в обеденный перерыв были установлены дополнительные точки соприкосновения и даже даны рекомендации другим гостям ресторана (на улице шел ужасный дождь, а мы сидели в сухом помещении и писали свои контракты: УРА!).

Если у вас назначена встреча по телефону, воспользуйтесь возможностью кратко представить себя другим компаниям поблизости и оставить свою визитную карточку. Используйте для этого мою концепцию 1+1+2. Как это работает? После каждой встречи подходите к потенциальному клиенту слева, затем к одному справа, а потом к двум на противоположной стороне улицы.

Даже если вы видите на улице табличку с надписью: REPRESENTATIVE VISITS ONLY FRIDAY FROM 3 TO 4 PM - идите внутрь предприятия, потому что вы приносите ЦЕННУЮ и полезную информацию.

Вот 10 самых важных пунктов:

1. Не обращайте внимания на табличку "Торговым представителям вход воспрещен".

2. Всегда держите наготове брошюру и визитную карточку.

3. Просите о помощи/поддержке.

4. Узнайте имя и должность лица, принимающего решение.

5. Напишите ему или ей короткую личную записку на обратной стороне визитной карточки и сообщите, что дальнейшая информация будет отправлена как можно скорее.

6. Попросите визитную карточку лица, принимающего решение.

7. Спросите, когда лучше всего провести телефонный разговор с лицом, принимающим решение.

8. Попросите назвать имя человека, который вам помог, и напишите его на обратной стороне визитной карточки лица, принимающего решения.

9. Поблагодарите этого человека за большую поддержку.

10. Покиньте компанию.

Вот еще один пример:

"Добрый день, я Вернер Хан, вы, конечно, можете мне помочь (все хотят помочь друг другу). Я хочу оставить ценную информацию о своих продуктах/услугах. Кто решает этот вопрос в компании?"
"О, за нас это делает Виктор Петров", - вежливо отвечает ассистент.

Отлично, теперь я знаю, кто принимает решения, но я все равно должен дважды проверить его, потому что хочу добиться успеха.

"Какова его роль в этой компании?" - безобидно спрашиваю я.

"Это наш менеджер по дизайну". Теперь у вас есть и этот ответ.

"Есть ли еще кто-то, кто работает над этими решениями?"
Я задаю этот вопрос, чтобы выяснить, есть ли еще один начальник более высокого ранга.

Если они спрашивают, зачем мне это нужно, я просто говорю: "Я всегда отправляю документы, содержащие ценные бумаги, в двух экземплярах, если в процессе принятия решения участвуют несколько человек".

После этого вопросов больше не возникает.

Теперь я делаю смелый шаг.

"Я оставлю здесь эту информацию с личной запиской. Пожалуйста, дайте мне визитную карточку от него (лица, принимающего решение)".

В 90 процентах случаев вы получите визитку, в 5 процентах случаев вы получите копию карточки, а еще в 5 процентах случаев лицо, принимающее решение, явится лично.

Если вы работаете продавцом, босс будет приходить в два раза чаще. Это не имеет ничего общего с сексизмом, это факты.

Наконец, я спрашиваю секретаря: "Когда лучше всего звонить господину Петрову?"

"Спасибо за поддержку, скажите, пожалуйста, как вас зовут?"

"Большое спасибо, госпожа Иванова".

Нам, людям, нравится слышать свое имя в сочетании с благодарностью и похвалой. Если вы сделаете это, секретарь с удовольствием вспомнит вас, когда вы позже спросите господина Пертова.

После этого я навсегда покидаю компанию.

Теперь посмотрите на полученную вами информацию: вы не прошли этот первый этап. Но они купились на ваш позитивный и профессиональный настрой, и вы произвели хорошее впечатление.

Чего вы добились?

1. Имя и визитная карточка лица, принимающего решение.

2. Вы знаете, принимает ли он или она решение в одиночку.

3. Лицо, принимающее решение, получило от вас первую информацию.

4. У него или у нее есть ваша визитная карточка.

5. У вас появились новые друзья в офисе.

6. Вы знаете, когда лучше всего перезвонить.

Ваш последующий звонок должен состояться в течение 24 часов. И госпожа Иванова из секретариата будет активно поддерживать вас.

Что вам нужно сейчас: встреча, заказ и чек на комиссию!

Глава #3: Анализ потребностей в процессе продаж

Определите конкретную потребность

Анализ потребностей - важнейший этап в процессе продаж. Он помогает продавцу определить конкретные потребности клиента и предложить индивидуальные решения. Для этого задаются конкретные вопросы, которые позволяют продавцу понять потребности и проблемы клиента.

Существуют различные типы вопросов, которые можно использовать при анализе потребностей: открытые вопросы, закрытые вопросы и альтернативные вопросы. В нашем примере продавец продает мешалки для различных отраслей промышленности.

Открытые вопросы

Открытые вопросы позволяют клиенту отвечать подробно и предоставляют продавцу ценную информацию. Эти вопросы часто начинаются со слов "Как", "Что", "Почему" или "Что".

Примеры открытых вопросов:

- Как вы используете свои мешалки в настоящее время?

- С какими проблемами вы сталкиваетесь при работе с имеющимися мешалками?

- Какие самые важные требования вы предъявляете к мешалке?

- Почему вы хотите заменить или расширить имеющиеся мешалки?

- Какие ожидания вы связываете с новым поставщиком мешалок?

- Что вам больше всего нравится в ваших нынешних мешалках?

- Какие аспекты работы мешалки наиболее важны для ваших производственных процессов?

- Какие проблемы возникали с вашими мешалками в прошлом?

- Как ваши мешалки влияют на качество конечной продукции?

- Каковы ваши долгосрочные цели по использованию мешалок в вашем производстве?

- Насколько важна для вас энергоэффективность ваших мешалок?

- Каким требованиям безопасности должны отвечать ваши мешалки?

- Как часто вы проводите техническое обслуживание своих мешалок?

- Какую роль играет автоматизация в использовании ваших мешалок?

- Что вы ожидаете от поставщика мешалок в плане обслуживания и поддержки клиентов?

- Как ваши мешалки влияют на ваши производственные затраты?

- Какие конкретные функции или характеристики вы ищете в новой мешалке?

- Как быстро ваши мешалки должны реагировать на изменение условий производства?

- Какой у вас был опыт работы с различными производителями мешалок?

- Насколько важна для вас адаптируемость мешалок к различным партиям продукции?

Закрытые вопросы

Закрытые вопросы предлагают клиенту ограниченный выбор ответов, часто в форме "да" или "нет" или других коротких ответов. Такие вопросы полезны для подтверждения конкретной информации.

Примеры закрытых вопросов:

- Используете ли вы в настоящее время мешалки [конкретного производителя]?

- Были ли у вас какие-либо проблемы с надежностью ваших мешалок за последние 12 месяцев?

- Нужны ли вам мешалки со специальными функциями для вашего производства?

- Является ли энергоэффективность решающим критерием при выборе мешалки?

- Есть ли у вас фиксированный бюджет на покупку новых мешалок?

- Автоматизированы ли ваши текущие мешалки?

- Требовались ли вам в прошлом запасные части для ваших мешалок?

- Удовлетворены ли вы поддержкой клиентов со стороны вашего текущего поставщика мешалок?

- Требуют ли ваши мешалки специальных сертификатов безопасности?

- Есть ли у вас предпочтительная марка мешалки?

Альтернативные вопросы

Альтернативные вопросы предоставляют клиенту два или более вариантов на выбор и помогают выявить предпочтения или конкретные потребности.

Примеры альтернативных вопросов:

- Предпочитаете ли вы мешалку с более высокой скоростью или с большим крутящим моментом?

- Вам нужна мешалка, которая не требует особого обслуживания, или для вас важна максимальная производительность?

- Для вас важнее немедленная доступность, чем низкая цена?

- Нужны ли вам мешалки с автоматическим или ручным управлением?

- Вам нужны мешалки с фиксированной или переменной скоростью?

20+2 открытых вопросы для продажи мешалок

1. Как часто вам приходится адаптировать свои производственные процессы и как это влияет на ваши мешалки?

2. Какие особые требования вы предъявляете к очистке и обслуживанию мешалок?

3. Насколько важна для вас возможность быстрого и гибкого переоборудования ваших мешалок?

4. С какими трудностями вы сталкиваетесь при интеграции ваших мешалок в существующие системы?

5. Как производительность ваших мешалок влияет на общую производительность?

6. Какие меры вы принимаете для продления срока службы ваших мешалок?

7. Как часто вы проводите обучение своих сотрудников работе с мешалками?

8. Что вас больше всего беспокоит в отношении надежности ваших мешалок?

9. Каким экологическим требованиям должны отвечать ваши мешалки?

10. Как вы оцениваете производительность ваших мешалок по сравнению с другими производственными машинами?

11. Какие технологические разработки в области мешалок представляют для вас особый интерес?

12. Как изменились ваши производственные требования за последние годы?

13. Какие функции мешалки помогли бы вам лучше достичь своих производственных целей?

14. Насколько важна для вас возможность отслеживать данные о работе мешалки в режиме реального времени?

15. Какие типы материалов вы в основном обрабатываете с помощью своих мешалок?

16. Каковы ваши ожидания по сроку службы новой мешалки?

17. Каково ваше годовое потребление запасных частей для ваших мешалок?

18. Каков ваш опыт в отношении качества обслуживания различных поставщиков мешалок?

19. Как вы планируете переход от старых к новым мешалкам?

20. Какую роль играет приспособленность ваших мешалок к различным производственным условиям?

20+1. Как выглядит процесс принятия решений в вашей компании?

20+2. Что для вас особенно важно? Чему вы придаете особое значение?

Заключение

Анализ потребностей - это ключевой этап в процессе продаж, который позволяет понять конкретные нужды и потребности клиентов. Используя открытые, закрытые и альтернативные вопросы, вы можете собрать ценную информацию, которая поможет вам предложить индивидуальные решения и успешно завершить процесс продажи.

Задавая конкретные вопросы о потребностях и проблемах ваших клиентов, вы сможете завоевать их доверие и построить долгосрочные деловые отношения.

*Скажи мне, что ты можешь сделать,
а не то, что не можешь.
Скажи мне решение, вместо того чтобы
бросать меня на произвол судьбы
и строить долгосрочные
деловые отношения.*

Глава #4: Аргументация преимуществ и выгод

Ключ к убедительным торговым предложениям

В продажах очень важно не только рассказать покупателям об особенностях продукта, но и продемонстрировать его преимущества в ясной и понятной форме. Аргумент "преимущество/выгода" - проверенный метод, позволяющий справиться с этой задачей. Преимущество продукта вытекает из его характеристик, а выгода - это прямой ответ на вопрос покупателя "Что мне это даст?". В этой статье мы прольем свет на важность этой техники аргументации и дадим практические советы по ее успешному применению в продажах.

Понимание аргумента "преимущество/выгода

Преимущество: преимущество продукта вытекает непосредственно из его свойств и характеристик. Это объективные измеримые факты, характеризующие продукт. Преимуществом может быть, например, долговечность продукта или его особая функция.

Выгода: выгода, с другой стороны, субъективна и индивидуальна для покупателя. Она отвечает на вопрос "Что мне это даст?" и относится к добавленной стоимости или решению проблемы, которые клиент получает в результате использования продукта. Таким образом, выгода рассматривается с точки зрения клиента и напрямую связана с его потребностями и желаниями.

Пример применения

Чтобы проиллюстрировать разницу между преимуществом и выгодой, давайте рассмотрим конкретный пример из области продажи мешалок.

Особенность продукта: мешалка имеет высокую скорость. Преимущество: мешалка может перемешать большое количество материала за короткое время.

Выгода: клиент экономит время на производстве и, следовательно, может обрабатывать больше заказов за меньшее время, что ведет к повышению производительности и, в конечном счете, к росту продаж.

Важность аргумента "выгода"

Клиенты принимают решения о покупке, основываясь на ОЦЕНОЧНЫХ преимуществах, которые дает им продукт, и на том, как эти преимущества решают их конкретные потребности и проблемы. Поэтому в продажах важно не только представить характеристики продукта, но и четко объяснить, какие именно выгоды получит покупатель от его использования.

Пример неадекватной аргументации:
"У нашей мешалки высокая скорость".

Пример убедительной аргументации преимущества/выгоды:
"У нашей мешалки высокая скорость, а значит, вы сможете быстрее смешивать большие объемы материала. Это экономит ваше ценное производственное время и позволяет обрабатывать больше заказов за меньшее время, что повышает производительность и оборот".

Шаги к успешному аргументу о преимуществах/выгодах

Определить особенности продукта: начните с определения специфических характеристик и особенностей вашего продукта.

Вывести преимущества: выведите объективные преимущества, которые продукт предлагает на основе этих характеристик. Преимущества возникают изнутри продукта.
Определить преимущества для покупателей: проанализируйте потребности и проблемы ваших клиентов и покажите, как преимущества вашего продукта удовлетворяют эти потребности и решают проблемы.

Донести информацию о преимуществах: четко и понятно изложите преимущества в диалоге с клиентом, ответив на вопрос "Как мне это выгодно?".

Практические советы по применению

Знание продукта и рынка

Для того чтобы разработать убедительные аргументы в пользу преимуществ/выгод, необходимо детально знать свой продукт и рынок, на котором вы работаете. Только так можно сформулировать релевантные и эффективные аргументы в пользу выгоды.

Понимание потребностей клиентов

Внимательно выслушайте своих клиентов и постарайтесь понять их потребности и проблемы. Это позволит вам донести до них информацию о преимуществах вашей продукции в индивидуальном порядке.

Персонализация

Подстраивайте свои аргументы под конкретные потребности каждого покупателя. Общая информация о преимуществах может понравиться многим клиентам, но индивидуальный аргумент будет более убедительным.

Визуализируйте выгоду

Используйте истории, примеры и тематические исследования, чтобы сделать преимущества вашего продукта яркими и осязаемыми. Это поможет покупателю лучше понять дополнительные преимущества в его собственном контексте.

Примеры аргументов в пользу преимуществ/выгод для мешалок

Особенность продукта: мешалка изготовлена из нержавеющей стали.

Преимущество: мешалка долговечна и гигиенична.

Выгода: клиент снижает затраты на обслуживание в долгосрочной перспективе и обеспечивает чистоту и гигиеничность производства, что особенно важно для пищевой промышленности.

Особенность продукта: мешалка имеет энергоэффективную конструкцию.

Преимущество: по сравнению с обычными моделями она потребляет меньше электроэнергии.

Выгода: клиент экономит расходы на электроэнергию и вносит вклад в устойчивое развитие своего бизнеса, что также положительно сказывается на имидже компании.

Особенность продукта: мешалка оснащена цифровой системой управления.

Преимущество: можно точно контролировать и регулировать процессы смешивания.

Выгода: заказчик может поддерживать стабильно высокое качество продукции и минимизировать ошибки в производстве, что повышает удовлетворенность клиентов и снижает количество жалоб.

Особенность продукта: мешалка имеет переменную скорость вращения.

Преимущество: ее можно гибко использовать для различных материалов и процессов смешивания.

Выгода: заказчик повышает гибкость и эффективность производства, так как может использовать мешалку для различных целей, что экономит инвестиционные затраты.

Заключение

Аргумент "преимущества/выгоды" - это мощный инструмент продаж, который поможет вам убедительно объяснить клиентам, почему ваш продукт - лучшее решение для их нужд. Четко представив преимущества вашего продукта и объяснив покупателю конкретные выгоды, вы сможете вызвать доверие и повысить вероятность заключения сделки. Помните, что преимущества должны рассматриваться с точки зрения клиента - убедитесь, что вы всегда отвечаете на вопрос "Что мне это даст?", чтобы ваше предложение о продаже было действительно эффективным. Постоянно применяя и совершенствуя эту технику, вы сделаете свои продажи более успешными и построите долгосрочные отношения с клиентами.

Другие примеры

#1. Смартфон с быстрым процессором

ПРЕИМУЩЕСТВО: смартфон с быстрым процессором обеспечивает плавную работу в режиме многозадачности.
ПОКАЗАТЕЛЬ: что это значит для вас?
ПОЛЬЗА: это экономит ваше время и повышает производительность, поскольку вы можете легко переключаться между различными приложениями, не испытывая задержек. Насколько это важно для вас?

#2. Фитнес-браслет с датчиком сердечного ритма

ПРЕИМУЩЕСТВО: фитнес-браслет со встроенным пульсометром позволяет точно отслеживать сердечную деятельность во время тренировки. Что это значит для вас?

ПОЛЬЗА: вы можете оптимизировать свои тренировки в соответствии с индивидуальными потребностями, чтобы эффективнее достигать поставленных целей и одновременно улучшать свое здоровье.

Насколько это важно для вас?

#3. Чемодан со встроенным GPS-трекером

ПРЕИМУЩЕСТВО: чемодан со встроенным GPS-трекером позволяет отслеживать местоположение чемодана в любое время.

ПОКАЗАТЕЛЬ: что это значит для вас?

ВЫГОДА: вы путешествуете со спокойной душой, всегда зная, где находится ваш багаж, и имея возможность быстро принять меры по его возвращению в случае потери или кражи.

Насколько это важно для вас?

#4. Встроенный беспроводной интерфейс

ПРЕИМУЩЕСТВО: встроенный беспроводной интерфейс (вставьте сюда свой продукт) позволяет легко интегрироваться в существующие сети без необходимости прокладки сложных кабелей.

ПОКАЗАТЕЛЬ: что это значит для вас?

ВЫГОДА: вы экономите время и затраты на установку и предлагаете своим пользователям гибкую адаптацию к меняющимся требованиям, что приводит к ускорению ввода в эксплуатацию и более эффективному использованию систем.

Насколько это важно для вас?

Вы станете тем,
о чем вы думаете большую часть времени.

Эрл Найтингейл

Глава #5: Стратегия работы с возражениями

Успешное преодоление возражений в ходе переговоров о продажах

Возражения - естественная и неизбежная часть любого разговора о продажах. Они отражают опасения и вопросы потенциального клиента и предоставляют ценную возможность углубиться в процесс продажи и укрепить доверие. Возражения также свидетельствуют о заинтересованности клиента, поскольку те, кто не выдвигает возражений, зачастую не заинтересованы в покупке. Ключ к успеху заключается в мягком и эффективном ответе на возражения, чтобы убедить клиента.

Что такое возражения?

Возражения - это оговорки или опасения, которые клиент высказывает в процессе продажи. Они могут возникать по разным причинам, например, из-за недостаточного понимания продукта, неуверенности в добавленной стоимости или просто нехватки времени. Профессиональный продавец рассматривает возражения как возможность предоставить клиенту дополнительную информацию и положительно повлиять на его решение.

6 самых важных возражений и как на них отвечать

#1. Возражение: "У меня сейчас нет времени".

Ответ: "Я понимаю, что у вас много дел. Почему бы нам не назначить удобную для вас встречу, чтобы я мог всего за 10 минут показать вам, как наш продукт может сделать ваши рабочие процессы более эффективными? Когда вам удобнее всего это сделать?"

#2. Возражение: "Меня устраивает мой текущий поставщик".

При ответе используйте мой трехшаговый подход:

Шаг №1:
Продавец: "Я знаю, что у таких компаний, как вы, уже есть поставщик. Допустим, ваш нынешний поставщик мог бы улучшить одну мелочь, чтобы вы были еще более довольны, что бы это могло быть?"

Либо он находит какие-то моменты, а вы находите аргументы в пользу ваших продуктов и услуг, либо его аргумент: "Сейчас нам нечего улучшать, и мы не хотим другого поставщика".

Шаг № 2:
Продавец: "Похоже, вы очень довольны своим нынешним поставщиком. Это навсегда?"
Вы понимаете, что это провокационный вопрос, потому что на него сложно дать вразумительный ответ. Да и кто знает, будет ли это сотрудничество длиться вечно?
Если ваш партнер по диалогу ответит на этот вопрос честно, то ответ может быть только один: "Нет, не навсегда!"

Заявление: "У нас уже есть поставщик" - это не обдуманный ответ, а всего лишь фраза, говорящая вам как продавцу: "Оставьте меня в покое!"

Если все попытки не увенчались успехом, и ваш партнер по диалогу продолжает упрямиться, есть последний вопрос, который заставит его задуматься.

Шаг № 3:

Многие продавцы сдаются на этом этапе, но я рекомендую поинтересоваться, чтобы не захлопнуть дверь навсегда: "Как мы должны поступить в этом случае?"

Вы также можете спросить:

- "Как нам дальше действовать в этом вопросе?"

- "Если ваш лучший продавец услышит такой ответ от потенциального покупателя, какую аргументацию вы ему посоветуете?"

- "Что хорошего я могу сделать для вас сегодня?"

#3. Возражение: "Ваш продукт слишком дорог".

Ответ: "Спасибо за ваш отзыв. На первый взгляд наш продукт может показаться более дорогим, чем другие, но позвольте мне показать вам долгосрочные преимущества и экономию, которых вы сможете достичь, используя наше решение. Мое предложение: давайте вместе проведем анализ затрат и выгод, как это выглядит в день недели - дата - время в вашем календаре?"

#4. Возражение: "Пожалуйста, пришлите мне документы заранее".

Ответ: "Я с удовольствием пришлю вам документы. Чтобы я мог отправить вам именно ту информацию, которая наиболее актуальна для вас, мог бы я задать вам несколько коротких вопросов? Так я смогу убедиться, что документы точно соответствуют вашим потребностям".

#5. Возражение: "Если вы хотите нам что-то продать, то сначала отправьте документы на электронный адрес info@trallala.de".

Ответ: "Конечно, я буду рад выслать вам нужную информацию. Пожалуйста, сначала сообщите мне свой адрес электронной почты, чтобы я мог адресовать документы лично вам. Это также поможет мне убедиться, что отправляемая информация соответствует вашим потребностям".

#6. Возражение: "Мне нужна от вас только цена".

Ответ: "Позвоните мне снова, когда узнаете все цены на рынке. Тогда я посмотрю, что можно сделать для вас".

Стратегии мягкой и эффективной работы с возражениями

1. Слушайте и демонстрируйте понимание

Активно слушайте клиента и проявляйте понимание его проблем. Это создает доверие и показывает клиенту, что его мнение важно.

Пример: "Я понимаю, что стоимость - важный фактор для вас. Могу ли я показать вам, как наш продукт может сэкономить ваши деньги в долгосрочной перспективе?"

2. Задавайте вопросы

Задавайте конкретные вопросы, чтобы понять точные причины возражения. Это даст вам возможность напрямую ответить на вопросы клиента.

Пример: "Не могли бы вы более подробно объяснить, какие аспекты вашего нынешнего партнера особенно важны для вас?"

3. Подчеркните преимущества

Подчеркните конкретные выгоды и преимущества вашего продукта или услуги, чтобы развеять опасения клиента.

Пример: "Наше решение не только обеспечивает быструю амортизацию, но и постоянное повышение эффективности, что снижает ваши операционные расходы".

4. Предлагайте альтернативы

Предложите клиенту альтернативы или дополнительные варианты, чтобы развеять его опасения и показать, что вы можете быть гибким, чтобы удовлетворить его потребности.

Пример: "Если цена является проблемой, мы также можем обсудить варианты финансирования, которые помогут вам распределить инвестиции на более длительный период времени".

5. Используйте примеры успеха

Используйте примеры из практики или отзывы других клиентов, чтобы показать, как ваш продукт помог решить аналогичные проблемы и добиться положительных результатов.

Пример: "У другого клиента были аналогичные проблемы с затратами. После использования нашего продукта они смогли сократить производственные затраты на 20 %".

Заключение

Возражения являются естественной частью процесса продаж и предоставляют ценную возможность завоевать доверие клиента и положительно повлиять на его решение. Выслушивая, задавая целевые вопросы, подчеркивая преимущества, предлагая альтернативы и используя примеры успеха, продавцы могут мягко и эффективно отвечать на возражения. Используя эти стратегии, вы сможете успешно опровергнуть опасения клиентов и довести процесс продаж до успешного завершения.

Глава #6: Завершение сделки

От принятого решения до идеального завершения

Завершение процесса продаж - это решающий момент, когда все усилия и стратегии достигают своего апогея. Это момент, когда продавец получает одобрение клиента и завершает договор купли-продажи. Но не каждое завершение сделки проходит гладко. Часто разница между принятой сделкой и идеальной сделкой может определить, будет ли возможность продажи успешно использована или нет. В этой статье мы прольем свет на различия и покажем, как можно добиться идеального завершения сделки, задавая конкретные вопросы, такие как "Имеет ли это смысл для нас...?" и "Каковы следующие шаги?".

Принятая сделка

Предполагаемое завершение сделки - это момент, когда продавец ошибочно полагает, что клиент готов завершить покупку без явного подтверждения этого факта. Такой подход может привести к недопониманию и разочарованию с обеих сторон. Продавец предполагает, что клиент располагает всей необходимой информацией и готов к покупке, не уточняя этого.

Пример предполагаемой сделки

Продавец: "Хорошо, тогда мы вышлем вам документы по договору". Клиент: "Э-э, я еще не уверен. Мне нужно больше времени, чтобы подумать".

В этом примере видно, что продавец считает сделку само собой разумеющейся, не убедившись в том, что клиент действительно готов. Это может привести к тому, что процесс продажи застопорится или клиент откажется от сделки.

Идеальное завершение

Идеальное завершение сделки, напротив, гарантирует, что клиент полностью информирован, чувствует себя комфортно и готов завершить покупку. Это требует целенаправленного подхода и правильной техники постановки вопросов, чтобы убедиться, что все вопросы решены и вся информация предоставлена.

Два ключевых вопроса для идеального завершения сделки

#1. Имеет ли смысл для нас...?

Этот вопрос предназначен для того, чтобы получить от клиента подтверждение того, что предлагаемый товар или услуга соответствует его потребностям и что он осознает их ценность.

Пример продавца: "Имеет ли смысл нам выбрать эту мешалку, потому что она значительно сократит время производства и поможет вам повысить эффективность?"

Клиент: "Да, это звучит разумно. Мы действительно можем выиграть от экономии времени".

#2. Каковы следующие шаги?

Этот вопрос помогает четко определить следующий шаг в процессе продажи и убедиться, что и продавец, и клиент знают, что будет дальше. Он дает клиенту ощущение, что продавец управляет процессом структурированно и целенаправленно.

Пример. Продавец: "Каковы следующие шаги, чтобы мы могли спланировать внедрение мешалки?"

Клиент: "Давайте обсудим детали контракта и определим дату поставки".

Психология идеальной сделки

Идеальная сделка основывается на глубоком понимании психологии клиента. Продавец должен вызвать доверие, проявить эмпатию и провести клиента через весь процесс продажи. Вот несколько психологических принципов, которые помогут в этом:

1. Стройте доверие

Доверие - краеугольный камень любых успешных деловых отношений. Прежде чем принять решение о покупке, клиент должен чувствовать себя уверенно и комфортно. Это требует прозрачности, надежности и четкой коммуникации со стороны продавца.

2. Проявляйте эмпатию

Продавцы, которые понимают потребности и проблемы своих клиентов и относятся к ним серьезно, могут более эффективно реагировать на возражения и предлагать решения, которые действительно подходят.

3. Обеспечьте ясность и структуру

Четко структурированный процесс продажи, когда клиент всегда знает, что будет дальше, уменьшает неопределенность и облегчает принятие решений.

Практические советы для идеальной сделки

#1. Подготовка - это все: убедитесь, что у вас есть вся необходимая информация о клиенте и его потребностях. Подготовьтесь к возможным возражениям и придумайте подходящие ответы.

#2. Активное слушание: внимательно слушайте клиента и пересказывайте его потребности, чтобы убедиться, что вы правильно их поняли. Это также показывает, что вы серьезно относитесь к его проблемам.

#3. Подчеркните преимущества: подчеркните конкретные преимущества и выгоды вашего продукта, которые непосредственно отвечают потребностям клиента.

#4. Позитивный язык тела: убедитесь, что ваш язык тела открыт и позитивен. Это придает уверенность в себе и вызывает доверие.

#5. Создайте ясность: убедитесь, что у клиента есть вся информация, необходимая для принятия обоснованного решения. Избегайте жаргона и объясняйте все простыми словами.

#6. Задавайте ключевые вопросы: используйте вопросы "Имеет ли смысл нам...?" и "Каковы следующие шаги?", чтобы завершить процесс продажи структурированно и целенаправленно.

Пример идеального завершения:
Продавец: "Теперь мы обсудили все преимущества и достоинства нашей мешалки. Имеет ли смысл нам выбрать эту мешалку, чтобы сократить время производства и повысить эффективность?"

Клиент: "Да, это звучит разумно. Мы действительно можем выиграть от экономии времени". Продавец: "Отлично. Каковы следующие шаги, чтобы мы могли спланировать внедрение мешалки?" Клиент: "Давайте обсудим детали контракта и назначим дату поставки".

Заключение

Завершение продажи - это решающий момент, в который закладывается успех или неудача всего процесса. Благодаря целенаправленной подготовке, активному слушанию и использованию ключевых вопросов "Имеет ли это смысл для нас...?" и "Каковы следующие шаги?" продавцы могут обеспечить идеальное завершение сделки. Такой подход помогает не только успешно завершить продажу, но и построить долгосрочные и доверительные отношения с клиентом.

Один менеджер по продажам
определил это так:
"Продавец, не освоивший агитацию,
подобен плотнику, который не знает,
как пользоваться молотком.
Если продавец не освоит агитацию,
он никогда не добьется успеха в продажах".

Глава #7: Перекрестные и дополнительные продажи

Перекрестные (кросс) и дополнительные (ап) продажи: увеличение продаж с помощью умных техник продаж

В современном мире продаж кросс-продажи и ап-продажи - два самых мощных инструмента, которые продавцы могут использовать для максимизации продаж и повышения удовлетворенности клиентов. Эти техники не только эффективны, но и необходимы для достижения успеха на сегодняшнем конкурентном рынке. В этой статье вы узнаете, что такое кросс-продажи и ап-продажи, как они работают и как вы можете успешно интегрировать их в свою стратегию продаж.

Что такое cross-selling (кросс-продажи)?

Перекрестные продажи - это практика предложения клиентам дополнительных продуктов или услуг, которые соответствуют первоначальной покупке. Цель - увеличить среднюю стоимость заказа, предлагая покупателю соответствующие дополнительные продукты.

Пример: покупатель приобретает ноутбук. С помощью перекрестных продаж ему можно предложить подходящую сумку для ноутбука, мышь или внешний жесткий диск.

Что такое up-selling (ап-продажи)?

С другой стороны, апселлинг направлен на то, чтобы убедить клиента купить более качественный, более дорогой продукт или лучшую версию выбранного продукта. Цель состоит в том, чтобы увеличить стоимость продажи, предложив клиенту обновление или дополнительные функции.

Пример: покупатель заинтересован в смартфоне с 64 ГБ памяти. С помощью апселлинга ему может быть предложена модель со 128 ГБ или дополнительные функции, например, лучшая камера.

Почему перекрестные и дополнительные продажи важны?

#1. Увеличение продаж: обе техники напрямую способствуют увеличению продаж за счет повышения средней стоимости заказа.

#2. Повышение удовлетворенности клиентов: получая актуальные и полезные продукты или обновления, клиенты чувствуют, что их лучше обслуживают и понимают.

#3. Лояльность клиентов: клиенты, воспользовавшиеся этими предложениями, обычно возвращаются, потому что ценят дополнительную выгоду и ценность.

#4. Конкурентное преимущество: компании, успешно использующие эти методы, могут выгодно отличаться от конкурентов.

Факторы успеха для эффективных перекрестных и дополнительных продаж

#1. Используйте данные о клиентах: используйте собранные данные о своих клиентах для создания персонализированных и релевантных предложений. Хорошая CRM-система может оказаться здесь как нельзя кстати.

#2. Релевантность - ключевой момент: предлагаемые продукты или обновления должны быть значимыми и полезными для клиента. Неактуальные предложения являются навязчивыми и могут оттолкнуть клиента.

#3. Обучение отдела продаж: ваш отдел продаж должен понимать, как и когда лучше всего использовать перекрестные и дополнительные продажи. Тренинги и ролевые игры могут творить чудеса.

#4. Прозрачная коммуникация: будьте прозрачны и честны в общении. Клиент должен четко осознавать ценность дополнительного продукта или обновления.

#5. Время предложения: правильное время имеет решающее значение. Интегрируйте перекрестные и дополнительные продажи в различные этапы процесса продаж, будь то во время покупки, подтверждения заказа или обслуживания клиентов.

Практические советы по перекрестным продажам и апселлингу

#1. Пакетные предложения: создавайте привлекательные пакеты, в которых клиенты получают ценовое преимущество при покупке нескольких продуктов.

#2. Отзывы и рекомендации: используйте отзывы и рекомендации покупателей для укрепления доверия и повышения релевантности ваших cross-selling и up-selling предложений.

#3. Последующая коммуникация: используйте электронную почту и другие каналы связи, чтобы предложить дополнительные подходящие продукты или обновления после покупки.

#4. Используйте всплывающие окна и уведомления: в интернет-магазинах целевые всплывающие окна или уведомления могут указывать на дополнительные товары или обновления.

#5. Ориентированный на сервис подход: убедитесь, что ваши предложения воспринимаются как дополнительная ценность для клиента, а не просто уловка для продаж.

Пример из практики: успешные перекрестные и дополнительные продажи

Ведущий поставщик электронных устройств использовал стратегическое сочетание перекрестных и дополнительных продаж для увеличения объема продаж. Используя анализ данных и персонализированные предложения, компания смогла увеличить среднюю стоимость заказа на 25 %. Клиентам, купившим смартфон, автоматически предлагались высококачественные наушники и защитные чехлы в качестве дополнительных товаров.

Кроме того, покупателей, выбравших базовую модель, успешно убеждали приобрести премиум-модель с расширенными возможностями. Эти целевые стратегии привели не только к росту продаж, но и к повышению удовлетворенности и лояльности клиентов.

Заключение

Перекрестные и дополнительные продажи - важные методы, которые могут помочь любому отделу продаж максимально увеличить продажи и повысить удовлетворенность клиентов. Используя эти методы целенаправленно и релевантно, вы сможете не только увеличить среднюю стоимость заказа, но и построить долгосрочные отношения с клиентами.

Используйте силу данных, обучайте свою команду и общайтесь прозрачно, чтобы полностью реализовать потенциал перекрестных и дополнительных продаж.

Используйте эти приемы в своей стратегии продаж и наблюдайте, как растет ваш бизнес, а клиенты становятся все более довольными. Успешные продажи - это значит всегда помнить о клиенте и предлагать ему именно те решения, которые ему нужны, а иногда и те, о которых он даже не подозревал.

*"В первую очередь я приношу
ценную пользу".
"Я поддерживаю других людей в том,
чтобы они были успешными".
"Я хочу быть ЛУЧШИМ в том, что я делаю".
"Я строю долгосрочное партнерство
и сотрудничество".
"Я получаю удовольствие - день за днем".*

Артем Рябошапко

Глава #8: Ссылки и рекомендации

Ссылки и рекомендации: сила социального доказательства в продажах

В мире продаж отзывы и рекомендации на вес золота. Они не только свидетельствуют о доверии и удовлетворенности, но и служат мощным инструментом для привлечения новых клиентов и укрепления существующих отношений. Эта статья проливает свет на важность рекомендаций и отзывов, предлагает практические советы по их использованию и иллюстрирует это конкретными примерами.

Почему рекомендации и отзывы так важны?

#1. Укрепление доверия: потенциальные клиенты доверяют опыту других клиентов больше, чем словам продавца. Рекомендации и отзывы выступают в качестве социального доказательства и уменьшают воспринимаемую неопределенность.

#2. Влияние на решение о покупке: согласно исследованиям, около 92 % потребителей полагаются на рекомендации друзей и членов семьи, а 88 % доверяют отзывам в Интернете не меньше, чем личным рекомендациям.

#3. Лояльность клиентов: удовлетворенные клиенты, которые выступают в качестве рекомендателей или дают рекомендации, зачастую более лояльны и способствуют долгосрочному удержанию клиентов.

Практические советы по использованию рекомендаций и отзывов

#1. Активно собирайте рекомендации: активно просите довольных клиентов дать вам рекомендацию или отзыв. Это можно делать после успешных проектов, этапов работы или положительных отзывов.

#2. Интеграция в маркетинговые материалы: размещайте отзывы на своем сайте, в брошюрах и в кампаниях по электронной почте. Особенно эффективными могут быть видеоролики и письменные отзывы.

#3. Используйте социальные сети: делитесь положительными отзывами клиентов и свидетельствами на своих каналах в социальных сетях. Это повысит узнаваемость и охват аудитории.

#4. Публикация тематических исследований: создайте подробные тематические исследования, которые подтверждают успех ваших продуктов или услуг у существующих клиентов. Эти исследования могут предоставить потенциальным клиентам конкретные примеры применения.

#5. Внедряйте реферальные программы: вознаграждайте существующих клиентов за привлечение к сотрудничеству, например, с помощью скидок, ваучеров или эксклюзивных предложений.

Примеры из практики

#1. Компания по производству программного обеспечения: компания, занимающаяся разработкой программного обеспечения, попросила своих довольных клиентов создать короткие видеоотзывы, описывающие их положительный опыт. Эти видеоролики были размещены на сайте и в социальных сетях, что привело к 30-процентному росту числа привлеченных клиентов.

#2. Поставщик услуг: консалтинговая компания внедрила реферальную программу, в рамках которой клиенты получали бесплатный час консультации за каждого успешного реферала. Это не только привело к увеличению числа рефералов, но и укрепило связь с существующими клиентами.

#3. Магазин электронной коммерции: интернет-магазин систематически собирал отзывы покупателей и интегрировал их на страницы своих товаров. Было доказано, что товары с положительными отзывами продаются лучше, а процент возвратов снизился на 20 %.

Правильное время и правильный тип запроса

#1. Время: просите рекомендации и отзывы в тот момент, когда клиент особенно доволен, например, после успешной реализации проекта или после получения особой дополнительной ценности.

#2. Персонализация: сделайте свой запрос личным и индивидуальным. Прямой, персонализированный подход показывает клиенту, что вы цените его мнение.

#3. Упрощение подачи: сделайте так, чтобы вашим клиентам было как можно проще оставить отзыв или рекомендацию. Предоставьте четкие инструкции и примеры и предложите различные форматы, например, в письменном виде, по видео или заполнив короткую форму.

Заключение

Ссылки и рекомендации - незаменимые инструменты в продажах, которые укрепляют доверие потенциальных клиентов и облегчают принятие решений. Стратегически грамотно используя эти приемы, вы сможете не только увеличить продажи, но и построить и поддерживать долгосрочные отношения с клиентами.

Активно привлекая довольных клиентов и делясь их положительным опытом, вы создаете прочный фундамент для устойчивого успеха в продажах. Опирайтесь на силу социального доказательства и наблюдайте за положительной динамикой ваших продаж.

Телефон как инструмент привлечения клиентов - это живой инструмент.
Если вы не возьмете трубку, то упустите значительную часть бизнеса.

Глава #9: DNS (следующий шаг)

Следующий шаг в процессе продаж

В продажах термин "DNS" (The Next Step) имеет центральное значение. Он описывает стратегию активного сопровождения клиента в процессе продажи и обеспечения того, чтобы всегда был четко определен следующий шаг.

Это не только повышает вероятность успешного завершения сделки, но и укрепляет отношения между продавцом и клиентом.

В этой главе мы рассмотрим важность DNS и приведем практические примеры того, как можно эффективно использовать эту стратегию.

Важность DNS

DNS расшифровывается как "Следующий шаг" и представляет собой технику, направленную на то, чтобы всегда продвигать разговор вперед и вовлекать клиента в путешествие вместе с продавцом. Без четкого определения следующего шага процесс продажи может застопориться, а интерес клиента - угаснуть. DNS помогает поддерживать темп и показывает клиенту, что продавец организован и нацелен на достижение цели.

Почему DNS так важен

- Ясность и структура: DNS гарантирует, что и продавец, и клиент знают, что будет дальше. Это создает доверие и уменьшает неопределенность.

- Обязательства: определяя следующий шаг, клиент обязан активно участвовать в процессе продажи. Это повышает вероятность успешной сделки.

- Управление временем: DNS помогает продавцу эффективно организовать процесс продажи и избежать задержек.

- Укрепление доверия: четко структурированный процесс показывает клиенту, что продавец профессионален и надежен.

Практические примеры использования DNS

Пример 1. Отправка документов

Возражение клиента: "Пришлите мне документы".

Ответ продавца: "Конечно, документы будут отправлены завтра. Давайте договоримся о встрече сейчас, чтобы обсудить документы вместе. Когда вам удобнее всего подойти на следующей неделе?"

Такой подход не только показывает, что продавец готов отправить документы, но и обеспечивает последующую встречу для уточнения вопросов и продолжения процесса продажи.

Пример 2. Создание предложения

Возражение клиента: "Пришлите мне предложение".

Ответ продавца: "Я подготовлю для вас коммерческое предложение завтра. Давайте договоримся о встрече в вашем офисе сейчас, чтобы обсудить предложение более подробно. Когда вы будете свободны на следующей неделе?"

Здесь продавец не только обещает подготовить коммерческое предложение, но и назначает встречу, чтобы предложение не просто попало в ящик стола, а активно обсуждалось.

Правильная техника постановки вопросов для DNS

Искусство стратегии DNS заключается в том, чтобы сформулировать следующий шаг таким образом, чтобы он имел смысл для клиента и был легко воспринят.

Вот несколько техник и формулировок, которые могут помочь в этом:

1. Конкретное назначение встречи

Убедитесь, что каждый следующий шаг связан с конкретной датой.

Пример: "Давайте договоримся о встрече прямо сейчас, чтобы обсудить детали. Как выглядит ваш ежедневник во вторник в 10 утра?"

2. Предлагайте альтернативы

Предоставьте клиенту возможность выбора между двумя встречами, чтобы он почувствовал, что контролирует график.

Пример: "Когда вам удобнее обсудить документы - в среду в 14:00 или в четверг в 10:00?"

3. Подчеркните преимущества

Объясните клиенту, почему следующий шаг важен и как он принесет ему пользу.

Пример: "Было бы полезно, если бы мы вместе просмотрели документы, чтобы я мог сразу ответить на все ваши вопросы и при необходимости внести коррективы".

DNS на различных этапах продаж

1. Первоначальный контакт

После первого разговора или презентации всегда должен быть следующий шаг.

Пример: "Было приятно пообщаться с вами. Давайте договоримся о встрече для подробной презентации продукта. Когда вам удобно на этой неделе?"

2. Этап предложения

После того как предложение подготовлено и отправлено, важно назначить встречу для его обсуждения.

Пример: "Я отправлю вам коммерческое предложение завтра. Можем ли мы встретиться в пятницу в 11 утра, чтобы обсудить его?"

3. Переговоры по контракту

Во время переговоров каждый шаг должен быть четко определен, чтобы обеспечить продвижение процесса.

Пример: "После того как мы обсудим детали контракта, давайте назначим дату его подписания. Как выглядит ваш ежедневник на следующей неделе?"

Работа с возражениями с помощью DNS

Нередко клиенты сомневаются или возражают, когда речь заходит о согласовании следующего шага. Вот несколько стратегий, как с этим справиться:

1. Проявите гибкость

Возражение: "Я не могу назначить встречу на следующей неделе". Ответ: "Нет проблем, а как насчет следующей недели?"

2. Создайте срочность

Возражение: "Я еще не уверен, что хочу обсуждать предложение". Ответ: "Я понимаю. Однако было бы важно прояснить любые вопросы или неопределенности на ранней стадии, чтобы мы могли придерживаться графика и у вас не было задержек в проекте".

3. Предложите альтернативы

Возражение: "У меня сейчас нет времени на встречу".

Ответ: "Как насчет короткого телефонного звонка или видеоконференции, которую мы можем организовать гибко?"

Заключение

Стратегия DNS - это мощный инструмент в процессе продаж, который помогает активно вести клиента по различным этапам и гарантировать, что всегда есть четко определенный следующий шаг. С помощью целенаправленных вопросов и техник продавец может структурировать процесс продажи, создать приверженность и укрепить доверие. Последовательно применяя стратегию DNS, вы не только повысите вероятность успешной продажи, но и укрепите отношения с клиентами.

"Люди забудут, что вы говорите.

Люди забудут, что вы делаете.

Но люди никогда не забудут

то чувство, которое вы им подарили".

Майя Анжелоу

Глава #10: Продажи на торговых ярмарках

Стратегии успеха для вашего участия в выставке

Торговые ярмарки - важнейшее место для продаж и маркетинга. Они предоставляют уникальную возможность напрямую встретиться с потенциальными клиентами, наладить связи и представить продукты или услуги в интерактивной обстановке. Успешное участие в выставке может повысить престиж компании и привести к заключению новых деловых сделок. В этой статье мы рассмотрим, как эффективно организовать свое присутствие на выставке, и приведем конкретные примеры успешных продаж на выставках.

Важность торговых ярмарок для продаж

Торговые ярмарки дают множество преимуществ:

- Прямой контакт с клиентами: личная встреча с потенциальными клиентами и установление прямых отношений.

- Демонстрация продукции: представьте свои товары или услуги вживую и дайте заинтересованным лицам попробовать их в деле.
- Обратная связь с рынком: получите прямую обратную связь от клиентов и заинтересованных лиц.

- Анализ конкурентов: наблюдайте за конкурентами и узнавайте о новых тенденциях и разработках.

Подготовка: ключ к успеху

Тщательная подготовка имеет решающее значение для успеха на выставках. Вот несколько шагов, которые вам следует предпринять:

1. Поставьте цели

Определите четкие цели вашего участия в выставке. Хотите ли вы привлечь новых клиентов, завершить продажи, расширить сеть или укрепить свой бренд?

Пример: "Наша цель - получить 100 квалифицированных предложений и заключить не менее 10 сделок".

2. Привлекательный выставочный стенд

Ваш стенд должен выглядеть привлекательно и профессионально. Инвестируйте в привлекательный дизайн, отражающий ваш бренд.

Пример: производитель мешалок может оснастить свой стенд действующими моделями, чтобы продемонстрировать работу своей продукции вживую.

3. Обучите свою команду

Убедитесь, что персонал вашей выставки хорошо обучен и обладает всей необходимой информацией, чтобы компетентно отвечать на вопросы посетителей.

Пример: проведите предвыставочный тренинг, в ходе которого сотрудники расскажут о характеристиках, преимуществах и торговых моментах продукции.

Стратегии успешных продаж на выставках

1. Активно подходите к посетителям

Не ждите, пока посетители сами подойдут к вам. Активно подходите к ним и разговаривайте с ними.

Пример: "Здравствуйте, наша новейшая мешалка на 30 % эффективнее обычных моделей. Насколько это интересно для вас?"

2. Демонстрация продукции

Живые демонстрации - мощный инструмент для привлечения внимания посетителей и пробуждения их интереса.
Пример: покажите, как ваша мешалка смешивает различные материалы, и подчеркните экономию времени и эффективность.

3. Задавайте вопросы и выявляйте потребности

Используйте открытые вопросы, чтобы понять потребности посетителей и ответить конкретно на их запросы.

Пример: "Как вы сейчас решаете вопросы смешивания на производстве? С какими проблемами вы сталкиваетесь?"

4. Аргументация преимуществ

Подчеркните не только преимущества вашего продукта, но прежде всего конкретные выгоды для клиента.

Пример: "С помощью нашей мешалки вы сможете сократить время производства на 20 %, что поможет вам снизить затраты и сократить сроки поставки".

5. Сбор контактной информации и последующие действия

Систематически собирайте контактные данные заинтересованных лиц и планируйте последующие действия во время выставки.

Пример: "Могу ли я получить вашу визитную карточку? Я хотел бы отправить вам дополнительную информацию и назначить встречу на следующей неделе, чтобы обсудить ваши вопросы".

Последующие действия: ключ к долгосрочному успеху

Лояльность клиентов

Последующие действия не менее важны, чем само посещение выставки. Убедитесь, что вы систематически выполняете все последующие действия и отслеживаете все установленные контакты.

1. Установите контакт

Свяжитесь с потенциальными клиентами в течение нескольких дней после выставки, чтобы поддержать интерес.

Пример: "Спасибо, что посетили наш стенд. Как мы и договаривались, я высылаю вам подробную информацию о нашей мешалке. Когда мы сможем обсудить дальнейшие шаги?"

2. Назначайте личные встречи

Постарайтесь договориться о личной встрече, чтобы углубить обсуждение и сделать конкретные предложения.

Пример: "Можем ли мы договориться о встрече на вашей территории, чтобы обсудить внедрение нашей мешалки на вашем производстве?"

3. Получите обратную связь

Воспользуйтесь возможностью собрать отзывы о вашем выступлении на выставке и вашей продукции. Это поможет вам постоянно совершенствоваться.

Пример: "Мы будем рады, если вы дадите нам краткие отзывы о нашем выставочном стенде и демонстрации продукции. Ваше мнение очень важно для нас".

Заключение

Успешное участие в выставке требует тщательной подготовки, активного и ориентированного на клиента присутствия и последовательных последующих действий. Благодаря целенаправленным мерам и четким целям вы сможете полностью реализовать потенциал выставок, привлечь новых клиентов и наладить долгосрочные деловые отношения. Понимая потребности посетителей и целенаправленно отвечая на них, вы повышаете шансы на заключение успешных деловых сделок и укрепляете свои позиции на рынке.

Глава #11: Общение

Важность фактического уровня и уровня отношений

Общение лежит в основе продаж. От него зависит, сможем ли мы успешно донести свои идеи и построить доверительные отношения с клиентами. При этом роль играет не только содержание (фактический уровень), но и то, как мы разговариваем друг с другом (уровень отношений). В этой главе мы подчеркиваем важность обоих уровней и приводим практические примеры того, как их можно эффективно использовать в переговорах по продажам.

Фактический уровень

Фактический уровень относится к содержательным аспектам общения. Цель состоит в том, чтобы четко и понятно передать факты, данные и информацию. В случае продажи фактический уровень включает в себя все конкретные детали о вашем продукте или услуге.

Пример продавца: "Наш миксер имеет максимальную скорость 2000 оборотов в минуту и изготовлен из нержавеющей стали". Здесь продавец предоставляет четкую, точную информацию о продукте. Фактологический уровень важен для того, чтобы предоставить клиенту факты, необходимые для принятия решения о покупке.

Уровень отношений

Уровень отношений относится к эмоциональному и социальному аспекту общения. Он включает в себя манеру говорить, тон голоса, язык тела и то, как мы реагируем на собеседника. Этот уровень имеет решающее значение для создания доверия и позитивных отношений с клиентом.

Пример. Продавец: "Я понимаю, что для вас очень важны долговечность и надежность мешалки. Наша модель хорошо зарекомендовала себя на многих предприятиях, и ее часто хвалят за долговечность".

Здесь продавец проявляет эмпатию и отвечает на потребности клиента, что способствует доверию и позитивным отношениям.

Баланс между фактами и отношениями

Для успешной продажи необходим баланс между фактическим уровнем и уровнем отношений. В то время как фактический уровень обеспечивает передачу всей необходимой информации, уровень отношений помогает создать позитивную атмосферу и построить долгосрочные отношения.

Пример сочетания фактического уровня и уровня отношений

Продавец: "Наш миксер имеет максимальную скорость 2000 оборотов в минуту и изготовлен из нержавеющей стали. Я вижу, что для вас особенно важна надежность, и наши клиенты регулярно отмечают высокую долговечность и низкую потребность в обслуживании этой модели. Насколько важны для вас эти характеристики в повседневной работе?"

В этом примере фактическая информация сочетается с сопровождающим вопросом, который учитывает потребности клиента и укрепляет уровень отношений.

Практические советы по эффективному общению в продажах

1. Активное слушание

Активное слушание - ключевой навык в продажах. Это значит внимательно слушать клиента, понимать его высказывания и реагировать на них.

Пример клиента: "У нас часто возникают проблемы с обслуживанием наших текущих мешалок". Продавец: "Я понимаю это. Наша мешалка разработана таким образом, чтобы не требовать особого ухода. Как часто вам приходится обслуживать ваши нынешние мешалки?"

2. Проявление эмпатии

Проявите понимание потребностей и проблем клиента. Это создает доверие и показывает, что вы серьезно относитесь к клиенту.

Пример продавца: "Я понимаю, что простои вашего оборудования - это серьезная проблема. Наша мешалка известна своей надежностью и может вам помочь".

3. Позитивный язык тела

Обратите внимание на язык вашего тела. Открытые жесты, зрительный контакт и дружелюбная улыбка способствуют позитивному общению и оказывают приглашающее воздействие.

Пример продавца: объясняя преимущества вашего продукта, поддерживайте зрительный контакт и кивайте в знак согласия, когда клиент говорит.

4. Ясность и точность

Избегайте жаргона и сложных выражений. Общайтесь четко и ясно, чтобы избежать недопонимания.

Пример продавца: "Наша мешалка надежна и проста в использовании, что сделает ваши производственные процессы более плавными".

5. Получение обратной связи

Попросите клиента высказать свое мнение и покажите, что его мнение важно для вас.

Пример продавца: "Что вы думаете о полученной информации? Могу ли я объяснить что-то более подробно?"

Заключение

Успешная коммуникация в продажах требует баланса между фактическим уровнем и уровнем отношений. В то время как фактический уровень обеспечивает передачу всей необходимой информации, уровень отношений имеет решающее значение для построения доверия и долгосрочных отношений с клиентом. Благодаря активному слушанию, эмпатии, позитивному языку тела, четкому общению и получению обратной связи вы сможете сделать ваши разговоры о продажах более эффективными и максимально расширить возможности продаж. Принимая во внимание оба уровня, вы создадите гармоничное и продуктивное общение, которое принесет пользу и вам, и вашим клиентам.

*Ваша задача - связаться
с потенциальными клиентами.
Не ждите, что они когда-нибудь
перезвонят вам.
Будьте настойчивы в поисках
потенциального клиента.
Возьмите контроль в свои руки и возьмите
власть. Нет ничего более удручающего,
чем ожидание звонка от
потенциального клиента.*

Глава #12: Почему руководство по общению имеет смысл для вашего приобретения

Ваш собственный телефонный гид

Если вы скептически относитесь к ценности телефонного гида или считаете, что он вам не подойдет, то в этой главе вы также прочтете, почему я твердо уверен, что он подойдет и вам.

Хотя многие аспекты телефонного поиска изменились, одно осталось неизменным: как только вы дозвонились до потенциального клиента, у вас есть от 10 до 30 секунд, чтобы удержать его и вызвать интерес. Я называю это время match pitch 10 - это время, за которое спичка сгорает. Это не время для импровизации. Это время, когда нужно вести разговор с помощью убедительного телефонного гида.

И любая оплошность, неверное слово, особый тон голоса могут привести к тому, что вы забудете о сотрудничестве с этим клиентом. Чтобы добиться успеха, выходите на разговор хорошо подготовленным и будьте убедительны, спокойны и уверенны.

Мои скрипты и стратегии поднятия продаж были тысячи раз проверены на практике и блестяще работают. Теперь дело за вами - адаптировать эти скрипты и стратегии к своим задачам. Внедрите их в свою жизнь, чтобы они стали частью вашего ежедневного процесса.

Ваш первый шаг - прочитать это руководство. Если вы действительно хотите добиться успеха, возьмите на вооружение первую телефонную инструкцию и повторяйте ее вслух. Чем чаще вы будете его повторять, тем быстрее он станет частью вашего языка и будет восприниматься естественно. Включите соответствующие модуляции. Затем возьмите на вооружение следующий телефонный справочник и продолжайте практиковаться.

Проведите эту ролевую игру со своими коллегами по продажам, руководителем группы или менеджером по продажам, другом или вашим тренером. Тренеры по продажам любят ролевые игры, потому что упражнения быстро становятся второй натурой. Это дает вам уверенность в том, что вы готовы ко всем возможным ситуациям и всегда представляете правильные вопросы и ответы. Вы точно знаете, что и как говорить. Чем больше вы практикуетесь, тем более профессиональным вы становитесь.

Подумайте еще раз, используете ли вы уже какие-то скрипты в своей повседневной работе. Я подозреваю, что вы уже записываете множество предложений, которые вам нравятся. Не думайте: "Я это запомню". - Вы быстро забудете об этом снова. Заведите себе скоросшиватель, в котором вы будете собирать сценарии и новые идеи. Как только вы успешно опробуете новый сценарий - будь то новое вступительное предложение, новая обработка возражений и т. д., - перенесите его в папку со сценариями и заархивируйте.

Если в будущем одно или два возражения все еще будут вызывать у вас недоумение, не относитесь к этому слишком серьезно. Найдите профессиональный ответ, обсудив его с коллегами, и снова сделайте заметки. Добавьте этот документ в папку со сценариями, и в следующий раз, когда возникнет возражение, вы будете готовы.

Я написал это руководство, потому что убежден, что оно работает. Если вы никогда не задумывались о том, чтобы записывать конкретные предложения и ответы, вы начнете делать это сразу после прочтения этой книги.

Возьмите рекомендации из этой книги и создайте свое собственное руководство. Эти скрипты сделают разницу между ошибками и разочарованием и вашим успехом невообразимых масштабов. Я убежден, что вы пойдете по этому пути.

Вы знаете: продавцы пишут балансовые отчеты компании!

Важность вашего телефонного справочника

Я до сих пор помню свое время работы продавцом-консультантом. Я сидел за своим столом, глядя на кипу данных о потенциальных клиентах с замиранием сердца. "Откладывание на потом" тоже не помогало, потому что в какой-то момент я снимал трубку, набирал номер и жутко гримасничал, когда дворцовая стража (коммутатор, секретарь и т. д.) спрашивала: "Кто вы?", "Из какой компании?", "Знает ли он, по какому поводу вы звоните?", "Вы уже общались с ним?", "Будет лучше, если вы заранее отправите письмо на info@musterfirma.de!"

Эти неудобные вопросы дворцовой стражи не выбили меня из колеи, но я неизбежно задавался вопросом, почему я оказался именно в отделе продаж. Однако это был первый звонок за день, а до выходных мне предстояло сделать еще сотни. От одной мысли об этом у меня снова заныло в животе.

Прошло несколько дней, и я начал ненавидеть эту работу и находить тысячи причин, почему она мне не подходит. Через некоторое время я встретил тренера по продажам - и после этого все изменилось. Я до сих пор помню, как он достал из кармана блокнот, заполненный руководствами по проведению телефонных переговоров по всем видам телефонной деятельности. Он считал, что у меня есть только один путь к успеху: следовать проверенной системе и эффективному процессу продаж, основанному на проверенных телефонных руководствах.

Он объяснил, что такой телефонный справочник жизненно необходим для совершения холодных звонков, назначения встреч по телефону, последующих звонков и продаж по телефону.

Телефонное руководство? Это что, шутка? Я не хочу выглядеть как человек из колл-центра!

Это была моя первая реакция, когда он заговорил о телефонных рекомендациях. Конечно, вам каждый день звонят из разных компаний то по поводу подписки на газету, то по поводу вина из Франции или специальной "абсолютно безопасной" инвестиции Lehmann, и меньше всего мне хотелось по телефону походить на этих телемаркетологов.

Затем тренер сказал кое-что, что действительно имело смысл. Если задуматься, каждый успешный человек работает по сценарию или имеет тщательно разработанный распорядок дня. Это может быть очень успешный спортсмен, который следует сценарию и репетирует новые приемы. Или танцор, который также репетирует новые танцевальные номера по сценарию.

Успех этих профессионалов заключается в том, что они репетируют упражнения снова и снова - не один раз, не десять раз, а сотни раз. И во время своего выступления они выступают безупречно.

Сценарий для спортсменов - в этом был смысл для меня. Но записывать то, что я хочу сказать по телефону? Это уже перебор!

А потом он рассказал об актерах, которые получают миллионы евро за свое появление в фильме. Вы же не стоите на сцене или перед камерой и не болтаете без умолку? Никогда! Каждое слово записывается заранее и повторяется актером до тех пор, пока не прозвучит естественно, правдоподобно и проникновенно.

Вместо того чтобы спотыкаться о текст, эти высокооплачиваемые профессионалы концентрируются на точной скорости речи, громкости голоса, модуляциях и тембре голоса.

Я все еще был настроен скептически и чувствовал себя неловко, записывая весь свой телефонный разговор. Затем тренер спросил меня, смотрел ли я в последний раз фильм, который затронул меня эмоционально. Я кивнул головой в знак согласия. "Вы поняли, что актриса не делала ничего, кроме как повторяла строчку за строчкой то, что было написано в сценарии, и вам это еще и понравилось?" - спросил он меня.

Помните последнее спортивное шоу? Сколько листов бумаги держал в руках ведущий? Или новости Today, или Tagesschau на телевидении. Все листы с текстом (сценарий) лежат на столе, и текст также появляется на телесуфлере для чтения. Все просто для ведущего, когда он работает со сценарием.

Ведущий не решает, что говорить в зависимости от ситуации, но весь текст записан и отрепетирован несколько раз. Штефан Рааб сказал в интервью по поводу песенного конкурса 2011 года в Дюссельдорфе: "Здесь тоже все по сценарию".

Когда Кристиан Вульф принимал присягу в качестве федерального президента, у него тоже был сценарий. Он зачитал текст - и да, он прочел его неправильно, и ему пришлось начинать все с самого начала. С вами такого не случится, ведь с этой книгой вы подготовлены гораздо лучше.

Затем тренер объяснил мне, что по меньшей мере 70 процентов (некоторые говорят, что 90 процентов) продаж - это не что иное, как передача убежденности и энтузиазма. И лучший способ добиться этого - сосредоточиться на передаче правильной информации, а не постоянно думать о том, что я хочу сказать дальше.

Так что он полностью завладел моим вниманием. После разговора с тренером я был готов написать свои собственные телефонные руководства. Это было одно из моих лучших решений. Мои продажи и комиссионные резко возросли. За девять месяцев использования телефонных руководств я смог покинуть свое место в хвосте команды и теперь входил в 20 % лучших профессионалов.

Сегодня - после 14 лет в сфере продаж - я всегда пишу телефонный гид для общения с клиентами. И то же самое я делаю на своих тренингах. Это не первый скрипт, который сразу же пользуется успехом у потенциальных клиентов. Мне приходится менять и адаптировать свои скрипты, пока я не прихожу к выводу, что они уже идеальны.

С помощью этих телефонных руководств продавцы, которых я обучаю, добиваются первоклассного начала разговора, совершенно спокойно справляются с возражениями, задают квалифицированные вопросы, способные помочь, назначают больше встреч, заключают больше сделок и таким образом становятся 20 % лучших профессионалов в своей компании.

Шесть причин в пользу телефонного гида

Если вы еще не до конца уверены в пользе телефонного гида, я приведу еще шесть причин в пользу телефонного гида:

#1: Телефонные гиды привносят профессионализм.

Сколько раз вы слушали своих коллег по отделу продаж и понимали, что они говорят бессвязно только потому, что не пользуются телефонным справочником? Замечали ли вы, что каждый разговор звучит по-новому и не похож на предыдущий? Иногда вы удивляетесь, что на другом конце линии действительно есть клиент. Но дело в том, что чем больше вы болтаете по телефону, тем меньше вы контролируете свой разговор, тем менее квалифицированы и тем больше вы похожи на агента колл-центра.

Если вас устраивает доля в 20 процентов, то вы можете продолжать импровизировать.

Однако если вы хотите быть профессионалом и реализовывать 80 процентов продаж, а значит, получать большие комиссионные, то вы будете звучать профессионально, только если будете использовать телефонный гид. Если вы еще не сделали этого, то сейчас самое время.

#2: Используя телефонный гид, вы будете задавать все уточняющие вопросы.

Сколько раз вы клали трубку после звонка, а потом понимали, что не задали самых важных вопросов, таких как:

- Сколько в компании лиц, принимающих решения по этому проекту?

- Откуда конкретно берутся деньги на этот проект?

- У кого они уже покупали?

- Получили ли они преференции от предыдущего поставщика? Если да, то как это выглядит?

- Какие еще решения они ищут в компании?

- Готовы ли они покупать сейчас или хотят подождать еще полгода?

- Сколько продавцов работает в компании? Сколько из них работает на выезде, а сколько в офисе?

- Как вы решаете эту проблему сегодня и каковы ваши пожелания на будущее?

Эти и многие другие важные вопросы просто не задаются в телефонных разговорах, и чтобы избежать этого, необходимо срочно воспользоваться услугами телефонного гида.

Вы больше заняты тем, что думаете, что сказать дальше, и забываете о самых важных в этой ситуации вопросах.

Вы сталкиваетесь с другой проблемой, когда перезваниваете этим потенциальным клиентам во второй раз. Теперь вы расплачиваетесь за то, что забыли задать эти важные вопросы во время первого звонка. Сколько раз вы звонили потенциальным клиентам и слышали: "Мы рассматривали этот вариант, но он нас не интересует". Или: "Мы еще не готовы, может быть, только через шесть или десять месяцев - тогда позвоните нам снова". Или: "Я не могу себе этого позволить. Я согласился на эту информацию только потому, что вы мне ее предложили".

Разочаровывает, не правда ли? Если вы получаете такие ответы от своих клиентов сразу после перезвона, значит, вы знаете, что допустили серьезные ошибки в первоначальном разговоре. Вы забыли задать самые важные вопросы и саботируете себя и свою сделку.

#3: Телефонные справочники делают вашу работу намного проще и спокойнее.

Вы наверняка знаете 90 процентов возражений, которые постоянно выдвигает ваш собеседник. Вы слышите эти возражения так часто, что иногда вам кажется, что они используют телефонный справочник возражений. Почему вы так плохо подготовлены к подобной ситуации? Если вы действуете дальновидно, значит, вы знаете о возражениях и должны быть профессионально подготовлены. Как только вы услышите возражение, у вас наверняка возникнет чувство замирания в животе. Не лучше ли быть хорошо подготовленным, выслушать эти повторяющиеся возражения, а затем спокойно ответить на них и заключить сделку? Если вы будете хорошо подготовлены к этим повторяющимся изо дня в день возражениям, это не обязательно облегчит вашу работу, но сделает ее более успешной. Подумайте об этом. Когда вы слышите стандартное возражение: "Цена слишком высока!", лучше сказать:

"А, понятно. Давайте пока не будем обращать внимания на цену. Если бы цена лучше соответствовала вашим планируемым инвестициям, мы могли бы заключить сделку сегодня?"

Это звучит гораздо лучше, чем то, что вы всегда говорили раньше. Поверьте, 80 процентов ваших конкурентов импровизируют, когда слышат такое или подобное возражение, и это только усложняет их работу. Если вы воспользуетесь телефонным руководством от профессионала, вы будете хорошо подготовлены, приобретете уверенность в себе, справитесь с этими возражениями по мере их возникновения, снизите уровень разочарования и сэкономите тысячи долларов, чтобы быстрее завершить продажу.

#4: Вы можете полностью сосредоточиться на том, что говорит вам ваш партнер по диалогу.

Вам не нужно думать о том, что вы скажете дальше, вы активно слушаете собеседника. Вы слышите, что и как он говорит. Если вы будете активно слушать, то узнаете, чего именно хочет и в чем нуждается ваш собеседник, и как вы можете заключить сделку (или почему он еще не готов к покупке).

Это очень важный момент. Если вы проводите квалификацию потенциального клиента, следуете своему сценарию и задаете правильные вопросы, вы будете поражены тем, как раскроются ваши партнеры по диалогу. Они скажут вам, что именно нужно сделать, чтобы заключить сделку.

Или же они расскажут вам о причинах, по которым они пока не могут купить. В любом случае вы окажетесь в выгодном положении, если заранее будете знать, что нужно сделать, когда вы снова позвоните своему клиенту, чтобы заключить сделку. Вы получите эту информацию, только если будете активно слушать. А активно слушать можно только в том случае, если вам не нужно концентрироваться на том, что вы хотите сказать дальше.

#5: Телефонные справочники придадут вам уверенности.
Вы поймете, что холодные звонки, назначение встреч и завершение продаж проходят легче, если вы пользуетесь телефонным справочником. Это происходит потому, что вы слышите одни и те же возражения снова и снова, и вы хорошо подготовлены с помощью сценария. Если вы сделаете сотни звонков, то заметите, что в возникающих возражениях мало креатива. Более 90 процентов возражений всегда одни и те же. Такие заявления, как "Мне это неинтересно", "У нас нет денег в бюджете" или "У нас уже есть тренер по продажам/поставщик", звучат десятки раз каждый день или каждую неделю.

Используя телефонный гид и профессиональные ответы, вы будете профессионально справляться с возражениями и уверенно их преодолевать. В противном случае вы окажетесь в числе 80 процентов продавцов, которые "возятся" со своими ответами и не очень убедительны, если вообще убедительны.

#6: Только телефонный гид приводит к совершенству.
Многие люди говорят, что много практики приводит к
совершенству. Но это верно лишь отчасти. Однако постоянное
использование приводит к устойчивости. Только регулярное
использование телефонного справочника приводит к
совершенству.

Если вы всегда работаете без телефонного справочника, вы
закрепляете свои плохие привычки и ничему не учитесь. Вы даже
можете звучать все хуже и хуже и удивляться тому, что
происходит.

С другой стороны, если вы работаете с телефонным гидом, то от
разговора к разговору вы будете становиться все лучше и лучше.
С каждым возражением, которое вы слышите, вы становитесь все
увереннее и увереннее в себе, потому что вы тренируетесь в
совершенстве.

Телефонные гиды также позволяют тренировать голос: скорость
речи, модуляцию, высоту тона, энтузиазм и т. д. То, как вы
начинаете разговор, как уточняете потенциального клиента, как
заключаете сделку, как спрашиваете о заказе, как отвечаете на
возражения, всегда одинаково. Поэтому имеет смысл изучить и
применять эффективные техники. Если вы будете использовать
эти техники ежедневно, они выведут вас из задних рядов в 20 %
лучших продавцов. А это то, чего вы хотите.

Глава #13: Что делает продавца отличным консультантом

Отличного консультанта по продажам отличает сочетание навыков, качеств и моделей поведения, которые позволяют ему успешно поддерживать и вести за собой своих клиентов. Вот 20 пунктов, которые характеризуют выдающегося консультанта по продажам:

1. Компетентность: всестороннее знание своего продукта или услуги, а также отрасли, в которой работает клиент.

2. Эмпатия: способность понять потребности и проблемы клиента и поставить себя на его место.

3. Коммуникативные навыки: четко и убедительно излагать свои мысли как в устной, так и в письменной форме.

4. Навыки ведения переговоров: навыки ведения переговоров для создания беспроигрышных ситуаций для обеих сторон.

5. Активное слушание: способность искренне слушать и полностью понимать потребности и проблемы клиента.

6. Решение проблем: поиск творческих и эффективных решений проблем клиентов.

7. Навыки работы в сети: создание и поддержание прочной сети контактов в отрасли.

8. Ориентация на цель: концентрация на достижении целей и задач в области продаж.

9. Клиентоориентированность: клиент всегда находится в центре всех действий и решений.

10. Аналитические способности: способность анализировать данные и принимать на их основе обоснованные решения.

11. Гибкость: способность адаптироваться к меняющимся условиям рынка и требованиям клиентов.

12. Тайм-менеджмент: эффективное управление собственным временем и приоритетами для обеспечения максимальной эффективности.

13. Надежность: создание доверия благодаря честности и надежности.

14. Увлеченность: энтузиазм по отношению к своей работе и продукту или услуге.

15. Решительность: упорство и настойчивость в достижении даже сложных целей.

16. Технологическая близость: знакомство с современными технологиями и инструментами продаж для повышения эффективности.

17. Саморефлексия: постоянная самооценка и готовность к личностному развитию.

18. Презентационные навыки: способность создавать и проводить убедительные и профессиональные презентации.

19. Управление проектами: опыт управления проектами для обеспечения своевременного выполнения проектов клиентов в рамках бюджета.

20. Работа в команде: способность эффективно работать с другими членами команды и отделами для достижения общих целей.

Выдающийся консультант по продажам сочетает в себе все эти навыки и качества, чтобы создать максимальную ценность для своих клиентов и построить долгосрочные и успешные отношения с ними.

Ни дождь, ни снег, ни ваш начальник,

ни конкуренты, ни ваш супруг,

ни деньги, ни машина,

ни работа или дети

виноваты - это вы!

И так было всегда.

Джеффри Гитомер

Вернер Хан: тренер по продажам с гарантией внедрения

Вернер Хан, известный тренер по продажам и автор специализированных книг, устанавливает новые стандарты в области обучения продажам, предоставляя уникальную гарантию внедрения. Эта гарантия означает, что полученные знания немедленно применяются на практике и не остаются просто теоретическими знаниями.

Хан предлагает практические тренинги и коучинг, специально разработанные для немедленного улучшения навыков продаж участников и достижения измеримых результатов.

Имея многолетний опыт работы в сфере продаж, Вернер Хан понимает, с какими трудностями ежедневно сталкиваются продавцы. Его программы обучения разработаны таким образом, чтобы не только предоставить участникам ценные техники и стратегии, но и обеспечить их непосредственное применение в их повседневной работе. Гарантия внедрения дает дополнительную гарантию: то, что усвоено на тренинге, будет реализовано на практике.

Преимущества такого подхода многообразны. Участники тренингов отмечают значительное увеличение количества квалифицированных встреч и рост числа прибыльных заказов. Это приводит не только к лучшим результатам для компаний, но и к повышению удовлетворенности и мотивации сотрудников отдела продаж. Благодаря своей методологии, ориентированной на практику, и гарантиям реализации Вернер Хан явно выделяется на фоне других тренеров по продажам и предлагает реальные дополнительные преимущества для своих клиентов. Его учебные курсы обязательны для всех, кто хочет добиться успеха в продажах.

Артем Рябошапко: эксперт по продажам с более чем 10 - летним опытом

Артем Рябошапко имеет индивидуальный опыт развития бизнеса и является высококвалифицированным специалистом экстра-класса по всем видам продаж: холодным, прямым и телефонным.
Он глубоко разбирается в инфраструктуре и психологии продаж и готов делиться своими знаниями с другими. С успешным опытом в совершении более 10.000 закрытых сделок Артем Рябошапко вывел две компании на миллионный оборот, а также дал стартап трем фирмам с нуля. Кроме этого, Артем внедрил более шести разных продуктов в различных сферах, что подтверждает его многообразие профессиональных навыков.

Благодаря строгой дисциплине и методикам саморазвития ему удается эффективно справляться с трудностями на жизненном пути и достигать блестящих результатов в разнообразных сферах деятельности.

Являясь активным участником выставок и конференций, Артем представляет свою компанию и укрепляет ее имидж на рынке, используя знания и навыки эффективного маркетинга и брендинга.
Обладая отличными навыкам ведения переговоров, успешно увеличил клиентскую базу своей фирмы и повысил ее годовой оборот до 3.000.000 евро, несмотря на конкурентную среду и среднюю цену продукта в 20 евро.

Артем Рябошапко способен разрабатывать и реализовывать стратегии продаж, адаптированные под конкретные потребности и особенности целевой аудитории.
Помимо этого, Артем активно работает над развитием своей личной сети контактов и наладкой долгосрочных отношений с

клиентами, что обеспечивает стабильный поток заказов и рекомендаций. Его умение анализировать рынок и выявлять возможности для роста позволяет достигать успеха в самых сложных условиях.

Серьезный подход к обучению других и передаче своих знаний делает Артема не только экспертом, но и ценным наставником для команд, стремящихся к успеху в области продаж.

Контактная информация Артем Рябошапко

Телефон: +49 (0) 176 216 90 629

Электронная почта: artemryaboshapko@gmail.com

XING:

https://www.xing.com/profile/Artem_Ryaboshapko

LinkedIn:

https://www.linkedin.com/in/artem-ryaboshapko-20508b91/

Instagram:

https://www.instagram.com/artem.r83/

Контактная информация Вернер Ф. Хан

Телефон: +49 (0) 171 - 650 56 90

Электронная почта: salescoach@wernerhahn.de

Интернет: www.wernerhahn.de

PODCAST:

https://podcastwernerhahn.podigee.io

YouTube:

youtube.com/@VerkaufstrainerWernerFHahn

LinkedIn:

https://www.linkedin.com/in/werner-f-hahn/

Ошибки в написании?

Эта книга поможет вам стать лучше и лучше продавать.

Нашли ли вы орфографическую ошибку в этом издании? Каждая орфографическая ошибка ранит мое сердце. Но, пожалуйста, подумайте о "Голубом Маврикии". Эта марка - опечатка, и несколько лет назад один коллекционер заплатил за неиспользованный Маврикий 1,1 миллиона евро.

Понимаете ли вы, насколько ценной может быть для вас эта книга?